Die Wilhelm-Busch-Bibliothek

Band 12

Wilhelm Busch

Freiheit aus dem Evangelium

Meine Erlebnisse
mit der Geheimen Staatspolizei

aussaat

1. Auflage 2006

© 2006 Aussaat Verlag
Verlagsgesellschaft des Erziehungsvereins mbH,
Neukirchen-Vluyn
Satz: CLV
Umschlag: H. Namislow
Druck und Bindung: GGP Media GmbH, Pößneck

Die Wilhelm-Busch-Bibliothek besteht aus 13 Bänden

ISBN-10: 3-7615-5487-7 (Aussaat)
ISBN-13: 978-3-7615-5487-6 (Aussaat)
ISBN-10: 3-89397-681-7 (CLV)
ISBN-13: 978-3-89397-681-2 (CLV)

Inhalt

Vorwort 7

»Ich bin bei euch alle Tage«

Jesus, mein Herr 9
Ein Minuszeichen vor der Klammer 10
Staatsgewalt und Jugendarbeit 13
Überfall auf das Weiglehaus 18
Umkehr nach Golgatha 22
»Mit meinem Gott
überspringe ich Mauern« 25
Frieden für friedlose Herzen 30
Auf Schleichwegen zur Kanzel 33
»Stopp! Sie sind verhaftet!« 38
Dreimal am Tage eine Stunde Gott loben 42
Evangelisation für geheime
Staatspolizisten 45
Jesus bleibt Sieger 48

Freiheit durch Christus

Verkündigung auf Umwegen 53
Exkurs: Einfluss der Gestapo 56
Gottes Wort als Waffe 59
Phantasie als Werkzeug 61

Die Macht der Lüge 65
Verzweiflung, Angst und Einsamkeit 70
Frieden mit Gott 78
Gott spielt mit 83

Vorwort

Mit diesem Bändchen legen wir zwei Vorträge vor, die Wilhelm Busch in den 1960er Jahren im »Offenen Abend« in Stuttgart unter dem Thema »Meine Begegnung mit der Geheimen Staatspolizei« gehalten hat.
Vierzig Jahre nach dem Ende des Naziregimes ist unsere Vergangenheit noch längst nicht aufgearbeitet. Wir müssen uns auch weiterhin fragen, welche Lehren wir aus den damaligen Auseinandersetzungen des Glaubens an Jesus Christus mit der totalitären Ideologie des Nationalsozialismus ziehen.
Als einer, der in dieser Auseinandersetzung in vorderster Front stand, zeigt Wilhelm Busch uns, wie er – manchmal mit tastenden Schritten – immer wieder zur Freiheit des Evangeliums fand.
Beide Vorträge sind nicht nur Erzählungen aus alten Tagen, sondern – wie wir meinen – auch heute noch eine höchst aktuelle Hilfe für Christen in den Auseinandersetzungen unserer Zeit. Sie bestätigen, dass die frohe Botschaft über den wichtigen persönlichen Bereich hinaus immer auch in die politischen und gesellschaftlichen Bezüge unserer Welt hineinwirkt.

Die Vorträge können dazu helfen, dass auch in unserer Zeit Christen wieder neu zur Freiheit des Evangeliums finden. Sie wurden von Amateur-Bandaufnahmen abgeschrieben und nur so weit überarbeitet, als es zur besseren Lesbarkeit notwendig erschien.

Hans Währisch
und Elisabeth Währisch geb. Busch

»Ich bin bei euch alle Tage«

Jesus, mein Herr

Ehe ich zum eigentlichen Thema komme, muss ich zwei ziemlich ausführliche Vorbemerkungen machen. Die erste: Ich habe die Zeit des 3. Reiches bewusst als Christ erlebt. Das Wort »Christ« sagt Ihnen vielleicht nicht viel. Darunter kann man viel verstehen, nicht wahr? »Was man nicht definieren kann, das sieht man heut' als christlich an.« Irgendwann in meinem Leben, als ich ein junger Mann war, bin ich auf Jesus gestoßen, wie ein Auto, das nicht mehr ausweichen kann und gegen eine Mauer fährt. Und da wurde der, der am Kreuz für die Welt gestorben ist, mein Herr. Diese Erfahrung verändert das Leben so vollständig, dass man geschieden ist von denen, die ihn nicht kennen. Ich habe das Leben damals, genau wie heute, erlebt als Jünger Christi. Diese Tatsache wird meine ganzen Ausführungen bestimmen, und ich fühle mich deshalb verpflichtet, Ihnen das von vornherein zusagen. Es ist heute ja üblich geworden, dass man mit irgendeinem Thema anfängt und dann heimlich am Schluss mit dem Christentum erscheint. Ich habe das nicht so gern. Darum sage ich es von vornherein ganz klar und ohne Umschweife: Ich bin Jesu Jünger und wünschte, Sie alle würden es.

Ein Minuszeichen vor der Klammer

Die zweite Vorbemerkung: Es besteht die große Gefahr, dass es sich wie eine Rechtfertigung anhört, wenn man von sich und seinen Erlebnissen im 3. Reich sagt: »Ich habe mich einigermaßen anständig durchgebracht.« Und darum muss ich auch dazu etwas sagen: Ist Ihnen Rolf Hochhuth ein Begriff? Ich hoffe es. Aber für die, die ihn nicht kennen: Hochhuth ist ein junger Schriftsteller, der ein Schauspiel geschrieben hat mit dem Titel: »Der Stellvertreter«. Damit ist der Stellvertreter Gottes auf Erden, der Papst, gemeint. Dieses Schauspiel behandelt folgendes großes Thema: Die Kirche hat geschwiegen, als vor ihren Augen die Juden nach Auschwitz abtransportiert wurden. Der letzte Akt spielt auf grauenvolle Weise an den Verbrennungsöfen. Ihr Feuer überlodert den ganzen fünften Akt. Und der Papst wusste, was dort passierte. Er konnte von seinem Fenster aus sehen, wie die Juden verhaftet und abgeholt wurden. Die katholische Kirche hat in vielen Städten gewaltig gegen die Aufführung dieses Schauspiels demonstriert. Ich bedaure das aufs Tiefste. Das muss die unintelligente

Schicht des Katholizismus gewesen sein, denn es ist ganz offensichtlich, was Hochhuth sagen will: Nicht nur der Papst, sondern ihr Kirchen habt geschwiegen, als die Juden vor euren Augen nach Auschwitz in die Verbrennungsöfen abtransportiert wurden. Und als einer, der diese Zeit miterlebt hat, kann ich nur sagen: Diese Anklage der jungen Generation gegen uns ist richtig. Statt gegen die Aufführungen zu demonstrieren, hielte ich es für viel richtiger, wenn auch die Kirchen sagten: »Jawohl, wir haben schrecklich versagt.«

Wenn ich geschrien hätte, wie ich heute weiß, dass ich hätte schreien sollen, stünde ich jetzt nicht hier, sondern wäre in Plötzensee hingerichtet worden. Und wenn Ihnen jemand aus meiner Generation sagt: »Ich habe nichts gewusst und bin unschuldig daran«, dann glauben Sie ihm das nicht! Hier liegt die Schuld meiner Generation.

Sehen Sie, das muss einfach am Anfang klargestellt werden. Professor Gollwitzer hat einmal gesagt: »Es ist schrecklich, dass alle sich rechtfertigen wollen wie jetzt bei dem KZ-Prozess in Frankfurt.« Und er drückt es dann sehr bitter aus: »In der Selbstrechtfertigung ist die Einigung der Kirche bereits vollzogen.« Ein hartes Wort!

Ich gehöre zu dieser Kirche. Wir waren damals vor allem damit beschäftigt, unsere kleinen Aufgaben zu retten. Wir steckten so sehr im Getümmel des Tages, dass wir nicht wussten, wie wir es tun sollten. Gewiss, wir haben – und das hat der Papst auch getan – da und dort Juden versteckt und gerettet. Wie schwierig das war, mag Ihnen ein kleines Beispiel zeigen. Ein Augenarzt aus meiner Stadt Essen wollte nach Amerika auswandern. Aber zunächst einmal reiste er in die Schweiz. Da gab es ein großes Hick-Hack mit den Stellen, ob er sein Vermögen mitnehmen könne. So wollte man ihn ohne Geld nicht in die Schweiz einreisen lassen. Ich war damals gerade in der Schweiz und rief vom Zürcher Hauptbahnhof von der öffentlichen Fernsprechzelle aus die Vermittlungsstelle an, die Juden rauslotste. Ich sagte, sie müssten den Dr. H. aus Essen unbedingt und umgehend herausholen, auch wenn er sein Vermögen nicht mitbekäme. Er sei in allerhöchster Gefahr. Das ist dann auch gelungen.

Aber ein halbes Jahr später hat die Staatspolizei mir wortwörtlich dieses Gespräch vorgehalten, das ich in Zürich von einer öffentlichen Telefonzelle aus mit dieser Judenvermittlungsstelle geführt hatte. Die haben also in der

Schweiz Telefone abgehört! Das war sicherlich schwierig, natürlich haben wir da und dort was gesagt und getan. Aber wir haben nicht geschrien, wie wir hätten schreien sollen: »Hier geschieht millionenfacher Mord!« Und das ist Schuld, verstehen Sie? Das möchte ich hier ganz klar und offen sagen. Und wenn ich jetzt von meinen kleinen Erlebnissen erzähle, dann ist das wie eine Klammer, vor der ein Minuszeichen steht. Wie ein Mensch meiner Generation ohne Vergebung der Sünden leben kann, ist mir rätselhaft. Und ich sage Ihnen auch gleich: Wie ein Mensch Ihrer Generation leben kann ohne Vergebung der Sünden, ist mir genauso rätselhaft. Denn Schuld ist immer Schuld vor Gott, nicht vor dem Gericht. Haben Sie das verstanden, mit diesem Vorzeichen, diesem Minuszeichen vor der Klammer? Man ist so viel schuldig geblieben.

Staatsgewalt und Jugendarbeit

Und nun komme ich zum Eigentlichen, zu meiner Begegnung mit der Geheimen Staatspolizei. Ich kam in lebhafte Berührung mit der Geheimen Staatspolizei, weil ich Jugendpfarrer in Essen war. Ich hatte ein großes Klubhaus, in dem Hunderte von jungen Leuten zwischen 14 und 20 Jahren sich sammelten. Das steht heute wieder aufgebaut und die Arbeit blüht heute noch in Essen. Das Haus heißt nach seinem Gründer: Weiglehaus. Sonntags nachmittags waren da 700 bis 800 junge Burschen, 16/17 Jahre alt, unter Gottes Wort. Es gab auch ein großes Rahmenprogramm, aber es gab keinen, der nicht in den ersten drei Minuten erfuhr, wie überzeugt ich davon bin, dass ein Leben ohne Jesus kein Leben ist, sondern Tod. Und das war natürlich ärgerlich – solch eine Arbeit! Wenn so ein Pfarrer einen Mütterchen-Verein hatte, dann sagten die Nazis: »Lass ihn machen, das stirbt von selbst aus.« Aber hier versammelten sich hunderte von jungen Burschen. Das war für sie eine schlechte Sache.

Nun, im ersten Jahr war die Staatspolizei noch nicht richtig ausgebaut. Damals wurde sie von einem Mann namens Diehls übernommen. Der hatte ein interessantes Buch geschrieben: »Hitler ante portas«. Damals war es so, dass die Nazis selber noch nicht genau wussten, wie weit sie mit dem Brechen des Rechts gehen konnten und wie weit sich das Volk gefallen lassen würde, dass die Regierung »ein wenig außerhalb der Legalität« operierte. Wenn Sie in diesen Tagen Zeitung lesen, dann haben Sie meine Anspielung verstanden. Aber schon zu einer Zeit, als wir mit der Staatspolizei noch gar nichts zu tun hatten, gab es gefährliche Reibungen zwischen meiner Arbeit und der Partei. Eigentlich gab es keinen Grund für diese Reibungen, aber sie waren da. Woran entstanden sie? Sie entstanden an der Grundfrage der damaligen Zeit: »Wer darf eigentlich über unser Gewissen verfügen?« Die jungen Burschen, die in mein Weiglehaus kamen, hatten gelernt, dass unser Gewissen an das Wort Gottes gebunden werden muss. Luther sagte auf dem Reichstag in Worms: »Mein Gewissen ist gefangen in Gottes Wort.« Lassen Sie mich das ausführlich erklären.

Sehen Sie, wir haben alle ein Gewissen, jeder von uns. Das heißt, wir wissen alle, dass es gut und böse gibt. Aber wer bestimmt denn, was gut und was böse ist? Nach welchen Herren richten Sie sich denn? Wer verfügt denn über Ihr Gewissen – etwa in sexuellen Fragen oder im Umgang mit Geld oder mit Wahrheit und Lüge? Die öffentliche Meinung oder Ihre Arbeitskollegen? Wer hat denn zu sagen, was gut und böse ist? Luther sagte: »Mein Gewissen ist gefangen in Gottes Wort.« Meine jungen Leute haben gelernt: Der Herr Jesus muss über mein Gewissen verfügen.

Nun kam der Staat mit der Partei, der Nazi-Partei, und sagte: »Wir sagen, was gut und böse ist.« Gleich von Anfang an fand hier der Griff ins Innerste des Menschen statt. Die Partei bestimmte, was gut war. Das gab ganz praktische Reibungen.

Das ging z. B. so: Meine jungen Burschen gingen sonntags morgens in die Kirche, denn es ist Gebot Gottes: »Du sollst den Feiertag heiligen.« Ich habe ihnen gesagt: »Ihr braucht nicht in meinen Jugendkreis zu kommen. Das ist kein Gebot Gottes. Aber Gottesdienst am Sonntag, das ist Gebot Gottes.« Und dann kamen sie auch.

Nun setzte die Schule etwa sonntags morgens um 8 Uhr einen Marsch mit der Hitlerjugend an. Da standen die jungen Burschen und erklärten: »Pardon, wir gehen in die Kirche.« »Unsinn, dies ist Dienst für den Führer!« Aber sie blieben dabei: Mein Gewissen ist gebunden an Gottes Wort. Da raufte sich der arme Schuldirektor, ein Oberstudienrat, der ja selber nicht recht wusste, wie die ganze Sache lief, seine spärlichen Haare, weil er nicht wusste, wie er hier entscheiden sollte. Es hat mich damals ungemein gepackt, wie meine jungen Kerle schon an solch kleinen Fragen begriffen: Man muss von Anfang an Gott gehorsam sein.

Ein anderes Beispiel war das Schullandheim. Die höheren Schüler gingen ins Schullandheim. Die Hitlerjugend übernahm sofort die äußere Gestaltung. Da gab es ein Tischgebet, das hieß: »Lieber Herr Jesus, bleib uns fern, wir essen ohne dich ganz gern. Amen.« Das war das Tischgebet der Hitlerjugend. Was sollte man jetzt tun? Da standen da und dort Burschen auf und sagten: »Entschuldigung, aber wir kommen erst nach diesem Tischgebet. Wir hören uns diese Lästerung nicht an.« »Es ist aber Dienst, dass ihr hier seid.« – An solchen kleinen Stellen kam es sofort zum Konflikt. Ich könnte Ihnen dafür noch hundert Beispiele sagen, aber es würde zu lange aufhalten. Sind wir eigentlich aus dieser Situation heraus, liebe junge Leute? Oder kommen wir nicht unser ganzes Leben lang permanent in die Situation, dass hier ein Gebot Gottes steht – und da die öffentliche Meinung oder der Zeitgeist? Wem wollen Sie Ihr Gewissen anvertrauen? Darüber müssen Sie sich ganz klar sein. Darum frage ich: Wie kann ein Mensch leben ohne Gott? Ich weiß, dass Gott sehr unerkennbar ist, aber er hat den Himmel zerrissen und ist in Jesus zu uns gekommen. Dieser Jesus ist die größte Gewalt dieser Erde. Er ist am Kreuz für uns gestorben. Er ist von den Toten auferstanden. Er ist unter uns. Dem habe ich mein Gewissen gegeben, der darf mich beherrschen. Sie müssen sich entscheiden, wen Sie über Ihr Gewissen verfügen lassen. Wenn mir einer sagt: »Ich weiß selber, was gut und was böse ist«, so sage ich: »Das stimmt nicht. Es verfügt jemand über unser Gewissen.« Das gab also die ersten großen Konflikte, die Frage nach dem Gewissen. Und das Zweite, was wir im ersten Jahr unter Hitler lernten, war: Wie unvorbereitet wir auf solch eine Zeit waren, wie hilflos wir selber vor der Frage standen, was eigentlich zu tun sei. Ich will Ihnen dazu wieder etwas erzählen.

Überfall auf das Weiglehaus

Anfang 1934 war es in Essen Mode geworden, dass die Hitlerjugend, der damals noch nicht alle angehörten, ab und zu nachts irgendein katholisches oder evangelisches Jugendheim überfiel und besetzte. Dann mussten die armen Besitzer erst einmal einen Prozess anstrengen. Kein Richter wagte es, einen solchen Prozess zu Ende zu führen. Der Prozess wurde verschleppt, und man war sein Jugendhaus los. Das war in einem Essener Vorort nun schon dreimal passiert, in einem evangelischen Heim und in zwei katholischen. Ich hatte im Zentrum von Essen mein großes Klubhaus. Das wäre ein wunderbares Haus für die Gebietsführung gewesen, das war mir klar. Wenn das jetzt so Mode wurde, einfach Häuser zu besetzen, dann musste ich eine Entscheidung treffen. Und das tat ich auch. Ich rief ungefähr 100 junge Männer von 18 Jahren aufwärts zusammen, lauter Mitarbeiter. Ich fragte sie: »Wollen wir das Haus kampflos aufgeben oder nicht?« »Nein, das tun wir nicht.« Und dann haben wir eine Wache eingerichtet. Alte Sofas und Matratzen wurden erbettelt, und die Jungen bewaffneten sich so nach und nach mit Schlagringen und mit Gummischläuchen. Ich staunte, was sie alles so an Waffen auftrieben. Es war ein ständiger Wechsel, wenn die Schüler zur Schule mussten, kamen Studenten. Es war also immer jemand da. Es ging hauptsächlich um die Nächte, und da waren es immer 50 Mann, die im Haus schliefen, und ein paar von ihnen hielten Wache.

Eines Nachts ging die Geschichte los. Ich wurde vom Weiglehaus angerufen: »Pastor Busch, da ist so eine Unruhe ums Haus.« Ich sauste hin, und richtig, in den Straßen ringsum sah man, wie die Hitlerjugend sich in Scharen sammelte. Geflüster, Gemunkel. Die kannten mich ja, ich war bekannt wie ein bunter Hund. Ich war mir darüber im klaren, dass ein Angriff auf das Haus gestartet werden sollte. Ich sauste aufs Polizeirevier und sagte: »Hier ist eine Unordnung im Gange. Es sind schon drei Häuser einfach besetzt worden. Ich bitte die Polizei, jetzt einzugreifen und uns zu beschützen.« »Ja, ja, wir werden sehen.« Nach einer halben Stunde hatten sich große Scharen der Hitlerjugend gesammelt, aber die Polizei tat immer noch nichts. So ging ich noch einmal hin und fand einen Polizeioffizier in seinem Zimmer, der nun sagte: »Herr Pfarrer, ich muss Ihnen ganz offen sagen: Wenn die Hitlerjugend Ihr Haus besetzt, greifen wir nicht ein. Das müssen Sie verstehen. Wir können nicht eingreifen.« »Danke, mehr wollte ich gar nicht wissen. Sie greifen also wirklich nicht ein?« »Es tut mir sehr leid, Herr Pfarrer, wir schätzen Sie, aber Sie müssen verstehen, wir greifen nicht ein.« »Aber ich will auch gar nichts weiter wissen, als dass Sie nicht eingreifen. Auf Wiedersehen.«

Und dann griff die Hitlerjugend an. Es war eine richtige Schlacht, die in dieser Nacht geschlagen wurde. Ich hatte meinen Jungs gesagt: »Wenn schon, denn schon.« Es wurde schauerlich!

Die Hitlerjugend hatte ja nicht mit Widerstand gerechnet. Das alles war Anfang 1934. Die Jungen rannten bis zum nahen Bahnhof. Als die

Menschen am Bahnhof sahen, wie die Hitlerjugend verhauen wurde, machten auch stabile Männer mit. Alle hauten drauf. Am nächsten Morgen war ich dann ganz früh beim Polizeipräsidenten. Da ich nebenher Standortpfarrer für die Polizei war, kannte ich ihn gut. Ich sagte: »Eine Frage mit Ja oder Nein: Wenn die Polizei den Bürger nicht mehr schützt, dann haben wir doch wohl das Recht, uns selber zu schützen?« »Das ist Texas!« »Aber wir wollen unser Recht, Herr Polizeipräsident.« Da fragte er zurück: »Wieso, was meinen Sie damit?« Ich sagte: »Sehen Sie, wenn jemand mein Haus überfällt, dann kann ich die Polizei anrufen und sie greift ein. Wenn aber die Polizei sagt, das tun wir nicht, dann greife ich doch wohl selber ein, oder nicht?« »Ich verstehe nicht recht …« In diesem Moment geht die Tür auf, und es wird ein Bericht gebracht von den Vorgängen in der letzten Nacht. Er liest und lacht sich halbtot und sagt: »Wenn das Schule macht, haben wir bald einen Bürgerkrieg.« »Ja«, sage ich, »ich garantiere Ihnen, dass wir einen Bürgerkrieg haben werden. Denn das ist der Anfang eines Bürgerkriegs, wenn das Recht nicht mehr mächtig ist, und wenn wir uns selber schützen müssen.« Da sagt er: »Das geht nicht, wir werden von jetzt ab sehen …«

Aber natürlich wurde das Recht auch weiterhin gebrochen, und mir graute selber vor den Konsequenzen, denn das war ja erst ein Bürgerkrieg im Wasserglas gewesen.

Umkehr nach Golgatha

Damals erschien ein Buch von einem Mann, den ich unendlich schätze, der mein Freund geworden ist, den ich damals aber noch nicht kannte: Dr. Chambon. Er war Pfarrer der französisch-reformierten Gemeinde in Berlin und lebt jetzt in Zürich. Er ist ein großer Kenner der Geschichte und hat ein Buch über die Geschichte der französischen Hugenotten geschrieben. Ich weiß nicht, ob Sie eine Ahnung davon haben, dass die französischen Hugenotten grauenvoll verfolgt wurden. Sie haben alles durchexerziert, den Widerstand, das Leiden, die Flucht. Die Frage nach Christenheit und Staat ist im französischen Protestantismus in allen Spielarten durchexerziert worden. Die Christen damals haben gelernt, dass die Gewalt nicht von Gott ist. Das haben sie unter Tränen gelernt, dass die Jünger Jesu Christi Lämmer sein können, die geschlachtet werden, aber nicht Schwerter haben.

In unseren Jugendkreisen wurde das Buch studiert. Es wurde kein Wort über die Gegenwart gesagt. Aber hier sahen wir auf einmal, was zu tun war. Wir begriffen plötzlich, was das heißt im Neuen Testament: »Wir sind geachtet wie Schlachtschafe. Hier ist Geduld und Glaube der Heiligen.« Das sind vielleicht Worte, die Ihnen nichts sagen. Wir aber begriffen auf einmal, was es heißt: Ich stell mich hin und lass mich schlagen und beschimpfen. Das ist der Weg Jesu, wie er nach Golgatha ging. Unser Weg mit dem Verhauen war verkehrt! Das waren schmerzhafte Erkenntnisse. Da lernt man, wirklich Ernst zu machen mit dem Mann, der auf Golgatha starb, wenn es um solch existentielle Entscheidungen geht. Da saß ich mit meinen Jungs darüber, und wir begriffen, was es heißt, dem Heiland nachzufolgen. Ich möchte Ihnen sagen: Christentum ist kein Kinderspiel. Aber es lohnt sich, diesem Jesus nachzufolgen. Sie werden es nicht bereuen.

So war das aber damals: Wir waren noch maßlos hilflos und mussten selber erst lernen. Jetzt muss ich aber noch einen Einschub machen: Joseph Goebbels, der Propagandamann, der die Bücher genehmigte, hatte dieses Buch zugelassen, wohl weil er sich sagte: So ein Geschichtsbuch von Anno-Tobak, das liest ja doch keiner. Als das Buch in einem halben Jahr die dritte Auflage erlebte, da sagten die

Nazis: »Weiß der liebe Kuckuck, was mit dem Buch los ist. Wir verbieten es mal auf alle Fälle, aber warum das so läuft, das kapieren wir nicht.« Nein, das kapierten sie auch nicht. Das ist nämlich auch etwas: Dass man aus der Geschichte lernen muss! Die Nazis meinten damals, mit ihnen finge die Weltgeschichte an. Die Jahrhunderte vorher galten alle nichts. Und es ist das Bedrückende an Ihrer Generation heute, dass sie so entsetzlich geschichtslos lebt. Wir gehen vor die Hunde, wenn wir nicht wissen, was vor uns war.

So haben wir also damals folgenden Beschluss gefasst: Wir werden uns nicht mehr wehren. Wir werden auch bereit sein, ins Gefängnis zu gehen. Wir werden aber das, was uns als Recht zusteht, bis an die äußerste Grenze ausnützen. Dabei passierten überraschende, ja entzückende Geschichten, von denen ich Ihnen eine erzählen möchte. Es war damals unklar: Dürfen wir Bibelfreizeiten machen oder nicht? Die Nazis gingen so vor, dass sie der evangelischen Jugend fast alles verboten: Unsere Jungen durften keine Uniformen tragen, keine Schulterriemen und keine Fahrtenmesser haben, sie durften keinen Sport treiben, nicht schwimmen; man untersuchte sogar, ob wir Badehosen bei uns hatten u. a. m.

Es war einem alles verboten. Und wir fragten: Was ist denn überhaupt noch erlaubt? Freizeiten waren nicht verboten.

»Mit meinem Gott überspringe ich Mauern ...!«

Natürlich achteten wir darauf, nicht zu sehr in die Öffentlichkeit zu gehen. So schickte ich zwei Mann los, und die fanden im Fichtelgebirge einen einsamen Berg von 1000 m Höhe. Da konnten wir ein paar Zelte aufschlagen für 40 bis 50 höhere Schüler, Primaner, Sekundaner usw. Als wir nun dort ankamen, hörten wir, dass in der Nähe ein großes Hitlerjugendlager war. Das war natürlich peinlich, denn die machten sich immer eine Ehre draus, uns Schwierigkeiten zu bereiten. Und die Polizei war viel zu ängstlich zum Eingreifen. Da brachen wir unsere Zelte ab und wohnten in einer kleinen Scheune. In dieser Höhe war nämlich solch eine Baude, ein Gasthaus, in das hinein sie als Wirt einen alten Nazi von vor der Machtergreifung gesetzt hatten. Der hatte in irgendeiner Saalschlacht einen Bierseidel auf seinen Kopf bekommen, der bei ihm wohl einige Zellen zerstört hatte. Er war also nicht mehr hundertprozentig dabei. Bei alledem aber ein Prachtkerl, ein Ur-Bayer, und wir haben uns sehr angefreundet. »Wilhelm Busch«, sagte er,

»wenn Ihnen einer etwas tun will – ich bin ein alter Kämpfer!«

Ja, und dann tat uns einer was. Eines Tages kommt einer schreckensbleich angesaust und sagt: »Ein Gendarm ist da. Wir sollen sofort ins Gasthaus rüberkommen.« Es war selbstverständlich, dass die erste Anordnung hieß: »Es findet eine Gebetsgemeinschaft statt in der Zeit, wenn ich hinübergehe.« Und während meine Pennäler sich hinter der Scheune ins Gras hockten und mit Jesus redeten, ging ich ins Gasthaus. Der Gendarm, der im Schweiße seines Angesichts vom Tal heraufgestiegen war, erwartete mich. Ich bestellte einen Kaffee, der Wirt hatte an dem Tag außerdem so gute Heidelbeerpfannkuchen, und ich bestellte gleich für den Gendarmen mit. Dann fragte ich ihn: »Was haben Sie denn auf dem Herzen?« Er zog einen Brief heraus von der Geheimen Staatspolizei: »Das Lager ist umgehend aufzulösen. Pfarrer Busch hat sich morgen früh auf dem Landratsamt Wunsiedel zu melden.« Ich wurde bleich. Ich ging zu meinen Leuten zurück. »Habt ihr gebetet?« »Ja, wir rechnen damit, dass unser Herr uns hört.«

Am nächsten Morgen machte ich mich auf und ging ins Tal hinunter, aus 1000 m Höhe. Als ich losging,, stand auf einmal mein Halali da, mit seinem Gamsbart auf dem Hut, mein alter Kämpfer, und sagte: »Ich geh mit. Wenn Sie bei den Behörden sind, dann geh ich in die umliegenden Kneipen, da sitzen all die alten Kämpfer, und erzähl denen mal, was los ist.« »Ist das herrlich! Sie machen also das Volksgemurmel im Hintergrund!« Und dann schritten wir beide hinunter zu einer Bahnstation mit Wirtshaus. Wir fragten, wo wir die Fahrkarten kaufen könnten. Die Frau war in der Waschküche und rief: »Die sind im Küchenschrank. Da ist die Kasse. Tun Sie das Geld rein, die Fahrkarten liegen daneben.« So kauften wir uns eine Fahrkarte und fuhren mit dem Bähnchen nach Wunsiedel.

Wenn man einmal mit dieser Bahn gefahren ist, versteht man den ganzen Jean Paul, der aus Wunsiedel stammte, und dann trennten wir uns. Er ging, um die alten Kämpfer aufzusuchen und Stimmung zu machen.

Die Dinge waren damals noch sehr im Fluss. Auf einmal stand ich nicht der Gestapo gegenüber, sondern einem jungen Landrat, einem Preußen, den es in dieses bayrische Städtchen verschlagen hatte. Der fuhr auf mich los: »Wie können Sie es wagen, eine Freizeit zu machen?« »Das ist nicht verboten.« »Aber in Bayern ist es verboten!« »Wir sind doch ein Deutsches

Reich. Sie können doch nicht in Bayern eigene Flötentöne blasen. Außerdem sind Sie offenbar gar kein Bayer.« »Ich diskutiere nicht mit Ihnen! Anordnung aus München: Das Lager ist umgehend aufzulösen!« »Recht ist Recht«, sagte ich, »aber darf ich eben noch Folgendes erklären? Wir sind mit dem Omnibus gekommen und fahren mit dem Omnibus zurück. Der Bus ist bereits bezahlt. Der kommt in 14 Tagen. Wie ich die Jungen jetzt nach Hause befördern soll, ist mir rätselhaft. Ich habe weder Geld noch Möglichkeiten, das Lager aufzulösen. Ich schicke Ihnen die 50 jungen Burschen morgen früh runter, Herr Landrat. Gott gebe, dass Sie Geld haben, die Heimfahrt zu spendieren, und Mittel, sie zu verpflegen.« »Ja, hören Sie, Sie wollen die einfach herschicken? Wie soll das zugehen?« Ich sagte: »Die erscheinen hier, brüllend vor Hunger, vielleicht singen sie Ihnen noch einige unserer geistlichen Lieder vor. Die werden Sie schon in Bewegung bringen.« Ich sehe den Mann noch vor mir stehen und sagen: »So geht das doch nicht!« Ich sagte: »Natürlich geht's so nicht. Wer hat denn behauptet, dass es so ginge? Sie doch.« »Ich? Ja, dann muss ich in München rückfragen.« Ich sollte also noch nichts tun, ich würde Nachricht bekommen. Ich gabelte meinen alten

Kämpfer wieder auf und fuhr also zurück ins Lager. Wie meine Primaner mich empfingen, voller Freude, dass wir wieder einen Tag gewonnen hatten, das war herrlich.

Am nächsten Morgen hatten wir wieder Bibelarbeit unter Tannen, die Sonne schien, wir in 1000 m Höhe, jeder Tag war ein Geschenk. Hier wurde das Wort von dem Sohn Gottes gesagt, der Sünder errettet. In solcher Umgebung bekommt das Wort Gottes eine ganz neue Herrlichkeit. An diesem Tag passierte nichts. Wir hatten noch einmal einen Morgen mit einer herrlichen Bibelarbeit. Doch dann kommt einer gesaust: Wir sollen kommen, der Gendarm ist da. Also, ich bestelle mir wieder Heidelbeerpfannkuchen und Kaffee. Aber innerlich habe ich zu Gott geschrien: »Gib, dass ich die Nerven nicht verliere!« Denn man stand ja bei dieser ganzen Geschichte in sehr einsamer Verantwortung. Der Gendarm zog einen Brief heraus, in dem stand: »Es bleibt bei der Verfügung, dass das Lager aufgelöst wird, aber Sie bekommen 14 Tage Zeit, das Lager abzubrechen. Wenn danach noch ein Junge gesehen wird …« Wir machten fröhlich unser Lager, schlugen die Zelte auf, zogen an jedem Tag einen Zeltpfosten wieder raus und machten das 14 Tage lang so.

Frieden für friedlose Herzen

Das Schönste aber war, dass der Gendarm sagte: »Jetzt freue ich mich für Sie, dass das so gekommen ist.« Ich fragte ihn: »Interessiert Sie denn das, was ein evangelischer Pfarrer tut? Ich nehme an, Sie sind katholisch?« »Ich möchte mal gern mit Ihnen sprechen.« »Oh«, sagte ich, »nehmen Sie noch einen Heidelbeerpfannkuchen?« Dann legte er los. Ich war erschüttert. Er sagte: »Ich habe neulich eine evangelische Beerdigung mitgemacht. Da sangen sie ein Lied, da kommt am Ende jeder Strophe vor: ›Mein Gott, mein Gott, ich bitt' durch Christi Blut, mach's nur mit meinem Ende gut!‹ Pastor Busch, wissen Sie, wir müssen ja alle mal sterben. Das geht mir auf meinen Gängen dauernd durch den Kopf: Mein Gott, ich bitt durch Christi Blut, mach's nur mit meinem Ende gut. Ich versteh es aber nicht., Was hat das Blut Jesu damit zu tun?« Dann habe ich ihm gesagt: »Sie sterben und gehen zu Gott. Entweder nehmen Sie alle Ihre Sünden mit, auch die Sie geleugnet haben; und es ist schrecklich, in die Hände des lebendigen Gottes zu fallen. Das steht im Neuen Testament. Oder Sie finden zu dem, der uns in Vollmacht sagen kann: ›Dir sind deine Sünden vergeben.‹ Also zu Jesus, der das sagen kann, weil er für uns am Kreuz bezahlt hat. Ich kann Ihnen sagen, ich gehöre diesem Jesus.« Und dann sprachen wir miteinander.

Aber es endet noch schöner. Nach fünf Tagen kam ein Junge gerannt und sagte: »Der Schutzmann ist wieder da mit einem hohen HJ-Führer.« »Och«, sagten wir, »jetzt fängt die Hitlerjugend wieder an. Die alte Geschichte.« Ich werde geholt, gehe rüber, Heidelbeerpfannkuchen und Kaffee, HJ-Führer, Heil Hitler usw. Und dann haut's mich beinahe vom Stuhl, als der Schutzmann sagt: »Das ist mein Sohn, der ist hoher HJ-Führer und hat heute mehr zu sagen als ich. Und außerdem ist er ganz gottlos geworden. Darum klappt es zu Hause nicht mehr. Er ist derartig frech geworden zu seiner Mutter. Wenn er auch mehr zu sagen hat als ich, zu Hause habe immer noch ich das Sagen. Aber auch das klappt nicht mehr. Deshalb habe ich ihm gesagt: Mein Junge, da oben auf dem Berg ist ein Pastor, der sagt uns, wie alles in Ordnung kommt. Wir gehen mal hin. Pastor Busch, erzählen Sie dem mal dasselbe, was Sie mir erzählt haben von Jesus!« Also nichts von der Auflösung des Lagers! Mir ging damals auf, was ich nachher bei der Staatspolizei immer merkte: Was der Mensch auch ist oder was er auch vorgibt, er hat ein friedloses Herz, das nach Frieden schreit. Es ist so viel Schmutz und Schuld da – wie aber werde ich frei, wie komme ich ins Licht? Hier ist ein Herz, das schreit nach Jesus. Das habe ich immer wieder gelernt. Ich habe gelernt, den Menschen ihr »Lametta« nicht zu glauben und ihre steifen Mützen und was sie sonst noch so tun, um sich wichtig zu machen. Oder Orden und Fracks oder immer wieder Neues, was Menschen erfinden, um sich wie Paradiesvögel zu kleiden. Das glaube ich ihnen nicht mehr, sondern ich glaube, dass der Mensch von heute, genau wie vor 2000 Jahren, ein armer Mensch ist, der nichts nötiger braucht, als den Heiland, den Sohn Gottes, der ihm Frieden mit Gott schenkt.

Ich sagte also: »Mein Junge, klappt's nicht zu Hause?« »Nein.« »Bist du, wie du sein sollst?« »Nein.« Ich redete ihn einfach mit »du« an. Ich sagte: »Du brauchst ein neues Leben.« »Brauch' ich. Aber wie geht das zu?« Und dann erzählte ich eine Stunde lang von Jesus. Ich rief meine Burschen herein. Dann sangen wir ihnen Lieder vor. »Ha«, sagte der junge Gebietsführer, »wenn wir so etwas hier hätten.« Ich armer Hund da oben, verjagt und rechtlos, ich wurde froh am Evangelium.

Auf Schleichwegen zur Kanzel

In der Zeit danach aber wurde es ernst. Dies war ja noch das erste Jahr, wo alles im Aufbau war. Die Staatspolizei war inzwischen aufgebaut. Und so fing die Zeit an, in der wir nicht mehr diskutieren, nicht mehr durch Lücken schlüpfen konnten, sondern einfach um des Gewissens willen ohne Verein und Organisation um das Wort Gottes zusammenkamen. Und wo mich dann immer wieder die starke Hand traf und ins Gefängnis warf. Davon möchte ich Ihnen jetzt noch berichten. Ich erzähle Ihnen mein aufwühlendstes Erlebnis, meine erste Verhaftung. Das war in Darmstadt. Wir hatten damals evangelische Wochen eingerichtet mit einem Team. Dazu gehörten der heutige Bischof Lilje und Dr. Humburg, der schon in der Ewigkeit ist, und Eberhard Müller, heute Akademieleiter, ich selbst und eine Reihe von fünf bis sieben Leuten. Wir richteten diese Wochen zugleich in Darmstadt, Kassel und Mannheim ein. Dann sprach ich nachmittags in Mannheim, abends in Darmstadt und am nächsten Morgen in Darmstadt, nachmittags in Kassel usw. Und so eilten wir durch die Lande, fünf Tage lang. Unsere Themen damals würden heute wohl keinen Hund mehr hinterm Ofen hervorlocken. In Mannheim etwa sprach ich am Nachmittag über »Liebe und Ehre in der evangelischen Jugenderziehung«. Sie würden heute fragen: Was ist das? Damals begriff jeder: Wir Christen sagen, die Liebe ist das Höchste, aber die Nazis sagen, die Ehre ist das Höchste. Was sie darunter verstanden, haben sie eigentlich nie gesagt. Es war also eine Auseinandersetzung um die höchsten Werte. Da war die riesige Christuskirche in Mannheim mit 3000 Leuten gerammelt voll, nachmittags um 14 Uhr. Das waren Auseinandersetzungen, wirkliche Geisteskämpfe! Wobei wir immer mit dem Leben spielten. Denn sie konnten zu jedem Satz sagen: Du hast die offizielle Weltanschauung der Partei angegriffen.

Ich hatte in Mannheim gesprochen und war gegen Abend in Darmstadt. Ein Freund holte mich mit dem Auto ab und sagte: »Mein lieber Wilhelm, die Pauluskirche in Darmstadt ist voll, aber die Staatspolizei, die uniformierte Polizei, hat sämtliche Türen besetzt, um dich festzunehmen und am Reden zu hindern. Ich setze dich in einer stillen Seitenstraße ab. Du musst alleine sehen, wie du hineinkommst. Ich warte den ganzen Abend in der Seitenstraße auf dich.« Dann setzte er mich ab und sagte noch: »Ich bleibe hier stehen, falls du abhauen

musst. Jetzt sieh zu, wie du weiterkommst.«
Ich ging die Straße entlang und kam an einen großen freien Platz. Da stand die große Pauluskirche. Furchtbar viele Menschen, große Aufregung, und in den Türen, die erleuchtet waren, stand die Staatspolizei. Man erkannte sie schon an ihren Gesichtern. Das war eine Mischung aus Spießbürger, Bulldogge und uniformierter Polizei. Die kontrollierten jeden, der noch hinein wollte. Da war mir klar: Ich komm' da nicht rein. Es hatte sich neugieriges Volk angesammelt und ich sah, wie sie mich suchten. Also, hier kam ich nicht durch. Ich wollte aber meine Predigt halten. Ich sah mir das Gelände an. Da stand die Kirche, und neben der Kirche war ein Gitter. Dahinter lag ein stiller Hof. Der Hof wurde am Ende von dem Pfarrhaus abgeschlossen. Der Eingang ins Pfarrhaus lag in der Nebenstraße. Als ich mir das Gelände anschaute mit dem Blick eines alten Offiziers aus dem 1. Weltkrieg, sagte ich mir: Die einzige Möglichkeit, um da reinzukommen, ist durch den Hof, denn der ist nicht bewacht. In den Hof aber komme ich nur vom Pfarrhaus aus. Ob es nicht möglich ist, durch's Pfarrhaus in den Hof zu kommen? Ich ging um die Ecke, das Pfarrhaus war dunkel, aber die Tür stand offen. War das nur eine Falle?

Standen die drinnen und warteten, dass ich kam? Oder hatte der Pfarrer mir eine Tür öffnen wollen? Ich stand mutterseelenallein vor der offenen Tür. Sollte ich durchgehen oder nicht?

Man sagt, der Mensch von heute sei sehr einsam, aber so habe ich Einsamkeit selten gespürt wie in diesem Augenblick. Völlig preisgegeben! Aber ich kann es nur so bezeugen: In dem Augenblick, als ich diese Einsamkeit spürte, – es konnte mir keiner die Entscheidung abnehmen – war mir's, als ob ich greifbar spürte, ER ist neben mir. Jesus hat es zugesagt: »Ich bin bei euch alle Tage bis an der Welt Ende.« Ich wurde so glücklich, dass ich es Ihnen gar nicht beschreiben kann. ER hat mich erkauft, ER hat mit seinem Blut bezahlt. ER lebt, ER ist bei mir. Ich bin auf der Seite des Siegers. Ich möchte Ihnen noch mal sagen: Schieben Sie es nicht so lange auf, Christ zu werden! Auch Ihr Leben kommt in solche Krisen-Situationen. Da muss man's haben. Da kann man nicht mehr suchen!

Dann ging ich hinein in das dunkle Pfarrhaus. Plötzlich packte mich ein Arm, und jemand flüsterte: »Kommen Sie mit!« War das die Staatspolizei? Ich wurde die Kellertreppe hinuntergeführt, durch mehrere Keller, bis ich merkte: nun bin ich im Heizungskeller der Kirche. Der lag offenbar unter dem Hof. Aber alles war stockdunkel. Der Mann, der mich führte, machte die Taschenlampe an, zeigte auf eine kleine Wendeltreppe und sagte: »Gehen Sie rauf!« Ich ging hinauf und war auf einmal in der Kirche. Alles gerammelt voll! Ich wusste nicht, wer der Mann war, und ich bin später herausgekommen, ohne ihm zu begegnen. – Erst nach einigen Jahren habe ich auf einem Kirchentag erfahren, wer es war. Da steht doch der bekannte Generalsekretär der Ökumene, Visser't Hooft, vor mir und sagt: »Bruder Busch, Sie sind mein Kirchenkampf-Erlebnis.« Ich sage: »Wieso?« »Ich war der Mann in Darmstadt. Ich hatte dem Pfarrer gesagt: Wenn der Busch klug ist, kommt er hier herein. Aber Sie dürfen ihn nicht hereinlotsen, sonst werden Sie verhaftet. Gehen Sie mit Ihrer Familie raus und lassen Sie mich als Ausländer das machen.« Ausländer konnten damals mehr riskieren, das erfuhr ich erst nach Jahren.

Nun war ich aber in der Kirche. Ich hatte meinen hellen Regenmantel dem ersten Besten in den Arm geworfen. Von der Kanzel holten sie nie jemanden herunter. Mein Thema lautete: »Jesus Christus, der Herr«. Seitdem ich in das

Pfarrhaus gegangen war, war eine große Ruhe über mich gekommen. Da stand die uniformierte Polizei und wollte mich kriegen, und ich stand oben und konnte nur sagen: »Lassen Sie jetzt einmal alle Unruhe beiseite. Wir wollen jetzt vom Herrlichsten reden, was es überhaupt gibt, nämlich von dem, der aus der ewigen Welt zu uns gekommen ist, von Jesus.« Es waren Lautsprecher nach draußen gelegt worden, weil klar war, dass die Kirche nicht groß genug war. Die Staatspolizei hatte nun furchtbar viel damit zu tun, die Lautsprecherkabel durchzuschneiden, damit die Leute draußen die »schreckliche« Botschaft nicht hörten. Und dann habe ich eine ganze Stunde gesprochen. Mein Generalthema war eigentlich nur dieser eine Liedvers: »Wüssten's doch die Leute, wie's beim Heiland ist, sicher würde heute mancher noch ein Christ.« Gott gab mir große Freudigkeit, dass ich ihnen einfach das zeigen konnte, was es heißt, dass der Mann von Golgatha Ströme von Vergebung und Gnade in mein Leben gießt, dass ich mit dem Auferstandenen leben kann. Das ist etwas Wundervolles!

»Stopp! Sie sind verhaftet!«

Ich bin dann herunter von der Kanzel und habe meinen Mantel gepackt. Die Leute haben damals schnell geschaltet. Schnell waren 20 Leute um mich herum. Die Polizei kam sofort gerannt: »Wo ist Pfarrer Busch?« Aber jetzt waren erst einmal 20, 30 Leute da, die sie kontrollieren mussten. In der Zeit war ich längst entwichen, durch den Keller ins Pfarrhaus und dann hinaus. Schon stand ich wieder draußen und sah mir dieses lächerliche Theater an, wie sie jeden Herauskommenden kontrollierten. Sie hatten Fotografien von mir. Ist er das nicht oder ist er es? Ich aber stand friedlich draußen und schaute in aller Ruhe zu.

Dies war aber nur der erste Teil meines Erlebnisses.

Ich dachte: Es wird nun Zeit, dass ich verschwinde. Ich ging zu meinem Auto, das an einer Laterne in einer stillen Straße stand, und ich meinte, der Fahrer sei wohl eingeschlafen, denn er saß da so regungslos. Ich ging hin und sagte: »Günther!« Plötzlich kommt hinter dem Auto einer vor und sagt: »Geheime Staatspolizei. Stopp! Sie sind verhaftet!« Darum also saß der Fahrer so regungslos; sie hatten ihm befohlen, sich nicht zu rühren, damit er mich nicht warnen konnte. Und nun wurde ich zurückgeschleift in die Sakristei der Pauluskirche. Das gab natürlich ein ungeheures Aufsehen. Mir wurde befohlen: »Sie müssen heute abend noch abfahren.« Ich widersprach: »Das kann ich nicht. Ich muss hier morgen früh predigen.« »Sie reisen ab!« »Wir sind im Deutschen Reich. Sie können mich doch nicht einfach aus Hessen ausweisen. Ist doch lachhaft«, sagte ich. »Dann setzen wir Sie in die Bahn.« »Aber mit dem nächsten Zug fahre ich zurück; erst muss ich morgen früh hier predigen.« »Dann müssen wir Sie verhaften.« »Bitte.« Ich wusste noch nicht, was das bedeutet. Ich wusste es wirklich nicht.

Dann kam der schreckliche Augenblick, als sie mich in ein offenes Auto setzten, vorne ein SS-Mann und einer daneben, dann ich und der Kommissar. Es war ein großer Mercedes, ein bisschen altmodisch. Ringsum waren Tausende von Menschen; die von drinnen waren herausgekommen, und draußen waren auch noch Leute dazugekommen. So etwas sprach sich schnell herum damals. Ich hatte Angst; wenn die Leute mich jetzt befreiten, dann wäre es das Schlimmste, was mir geschehen könnte. Denn dann würde sofort meine Familie festgenommen. Ich konnte nur zu Gott schreien, dass sie ruhig blieben.

Dann geschah etwas, was ich mein Leben lang nicht vergessen werde. Es war eine Erregung, eine knisternde Spannung unter den Menschen. Die Leute schrieen: »Der hat doch gar nicht politisch geredet! ›Jesus Christus der Herr!‹ Darf man davon etwa nicht mehr reden?« Plötzlich stand ein junger Mann oben auf der Kirchentreppe – ich habe ihn nie wieder gesehen – der über die erregte Menge hinweg den Vers von Blumhardt rief: »Dass Jesus siegt, bleibt ewig ausgemacht. Sein wird die ganze Welt. Denn – er sagte das mit Vollmacht – denn alles ist nach seines Todes Nacht in seine Hand gestellt.« Was das bedeutete: Neben der Allmacht Hitlers die Allmacht Jesu Christi öffentlich zu proklamieren! »Nachdem am Kreuz er ausgerungen, hat er zum Thron sich aufgeschwungen, ja, Jesus siegt!« Ehe jemand ihn packen konnte, war er in der Menge verschwunden.

»Fahr doch los!«, brüllte mein Kerl dem Fahrer zu, doch der war schon lange am Wurschteln. Der Wagen sprang einfach nicht an; es war, als ob ihn einer von hinten festhielte. »Fahr doch!« Da stimmte die Menge an: »Ist Gott für mich, so trete gleich alles wider mich, so oft ich ruf und bete, weicht alles hinter sich!« Ein brausender Gesang! »Hab ich das Haupt – Jesus – zum Freunde und bin geliebt bei Gott, was kann mir tun der Feinde und Widersacher Rott?« »Fahr doch!« Dann fuhren wir schließlich los. Gott hatte den Wagen festgehalten. Das mussten sie erst mitkriegen, dieses Zeugnis! Mein Herz war so voll, dass ich dem Kommissar sagte: »Sie armer Mann!« Da sackte er in sich zusammen und sagte: »Ich war früher auch im Bibelkreis für höhere Schüler.« »Und heute verfolgen Sie die Christen.« »Ach«, bat er, »geben Sie doch nach. Lassen Sie sich ausweisen. Tun Sie mir das bitte nicht an, dass ich Sie verhaften muss.« Ich sagte: »Sie armer Mann! Ich kann Sie nicht davor bewahren.« Da wurde er richtig böse, und ich ging nach der Ankunft des Wagens in die Zelle hinein.

Dreimal am Tage eine Stunde Gott loben

Wir kamen damals nie in ordentliche Gefängnisse, sondern in die Gefängnisse der Staatspolizei. Das waren Gefängnisse besonderer Art. Ich hatte meistens, mit einer Ausnahme, eine Zelle, die so schmal war, dass ich, wenn ich die Arme anwinkelte, schon an die Wand stieß. Oben war ein Fenster. Zwei Schritte hin, zwei Schritte her. Da werden Sie nach zwei Tagen wahnsinnig. Nichts zu lesen, kaum zu essen; ich dachte, ich werde verrückt in dieser Zelle. Doch dann erlebte ich immer dasselbe, dass mir nämlich an der Grenze des dunklen Reiches aufging: »Mensch, du gehörst doch dem, der dich erkauft hat. Und Gott lässt sein Eigentum nicht los!« Ich kann es nur so ausdrücken: Dann kam Jesus zu mir in die Zelle. In diesen schmutzigen Gestapo-Zellen – da verlieren Sie alle Schwärmerei. Da lernen Sie die Realität, da lernt man sein eigenes Herz kennen. Ich habe Zeiten erlebt, in denen Gott mir alle meine Sünden vorhielt, in denen ich sah, wer ich bin: ein verlorener Mensch! Aber dann sah ich Jesus, für mich gekreuzigt, und ER kam zu mir.

Als meine Frau mich einmal sprechen durfte bei einer Verhaftung, sagte sie: »Wie siehst du denn aus? Bleich, unrasiert und mager.« Da sagte ich: »Moment mal, um euch muss man Angst haben. Wie viel Zeit habt ihr zum Beten? Wie viel Zeit hast du, um Gott zu loben? Mein Tageslauf ist so: Von 7-8 Uhr Gott loben; von 8-9 Uhr Fürbitte tun für andere; von 9-10 Uhr mir die Psalmen hersagen, die ich kann. Und von 10-11 Uhr mache ich Turnübungen, damit ich nicht einroste; von 11-12 Uhr fange ich wieder an, Gott zu loben. Dreimal am Tage eine Stunde Gott loben!« Meine Zelle war voll der Herrlichkeit Gottes. Ich sagte: »Um euch muss man Angst haben, die ihr mit der Wirklichkeit des lebendigen Gottes nicht mehr rechnet, nicht um mich.«

Und dann geschah es in der Darmstädter Zelle, dass eines Tages die Tür aufging. Ein Wärter kam herein, ein SS-Mann. Er zog die Tür hinter sich zu und ich dachte, er wolle mir was tun. Ich stellte den Hocker vor mich und dachte, ich wehre mich. Da kam der alte Wilhelm Busch wieder zum Vorschein, trotz aller Entschlüsse zu leiden. Dann sagte der Wärter: »Moment mal, ich tue Ihnen doch nichts«, zog aus seiner Tasche einen Ausschnitt aus einem Sonntagsblatt und sagte: »Mein Schwiegervater ist ein christlicher Mann und liest das Sonntagsblatt. Da war eine Geschichte drin: ›Jesus im Zirkus Sarasani‹ von Wilhelm Busch. Die hat mir so gut gefallen, da habe ich sie ausgeschnitten und trage sie jetzt immer bei mir. Ist die von Ihnen?« »Ja«, sagte ich. »Die habe ich mal erzählt.« Da hatte ich eine Beerdigung im Zirkus Sarasani. Ich musste eine Indianerin beerdigen. Alle möglichen Völkerschaften waren vertreten, Mauretanier, Amerikaner usw. Die kannten doch alle meine Sprache nicht. Da ging mir auf: Wenn es ein Wort gab, das alle verstehen würden, dann war es das Wort: Jesus. So habe ich eine Rede gehalten, in der immer das Wort Jesus vorkam. Und auf einmal wurde es still.

Die Geschichte ist durch alle Länder der Erde

gegangen. Es gab sie sogar in arabischer Schrift. Und da fragte der SS-Mann: »Ist die von Ihnen?« »Ja«, sagte ich, »die ist von mir. Aber jetzt geht es nicht um die Frage: Jesus im Zirkus Sarasani, sondern Jesus im Gefängnis der Staatspolizei in Darmstadt.« »Da müsste ich ja Tinte gesoffen haben, wenn ich Ihnen das abnähme.« Ich sagte: »Im Gegenteil, Sie haben Tinte gesoffen, wenn Sie mir das nicht abnehmen. Aber wenn wir darüber reden wollen – ich ersticke in dieser Zelle. Lassen Sie uns im Gang reden. Da ist wenigstens ein Fenster, an dem man mal Luft kriegt.« »Ja, kommen Sie mit raus!«

Evangelisation für geheime Staatspolizisten

Zehn Minuten später hatte ich die ganze Belegschaft um mich her, Evangelisation für geheime Staatspolizisten. Unbeschreiblich! Ich sagte: »Ehe wir reden, müssen wir wissen, über was wir reden wollen. Leute, es gibt nur zwei Weltanschauungen, in der ganzen Welt nur zwei! Nämlich alle Weltanschauungen zusammen, die es gibt, und das geoffenbarte Evangelium. Geben Sie Papier her und einen Bleistift.« Ich ließ es mir geben und machte nun auf dem Papier einen Strich mitten durch und sagte: »Hier schreiben wir jetzt hin ›alle

Weltanschauungen‹ und hier ›geoffenbartes Evangelium‹. Diese beiden unterscheiden sich in vier Punkten entscheidend: In dem, was sie über Gott sagen; in dem, was sie über den Menschen sagen; in dem, was sie über die Erlösung sagen; und in dem, was sie über die Hoffnung sagen.«

Ich erklärte: »Erstens: Alle Weltanschauungen und Religionen nennen irgendetwas Innerweltliches ›Gott‹. Sie sagen z. B. ›Mein Volk ist Gott‹. Das ist etwas Innerweltliches. Der Spießbürger sagt: ›Die Natur ist mein Gott.‹ Andere sagen: ›Die Tiefe des Daseins ist Gott.‹ Und da hört dann alles Reden auf. Was Gott ist, ist aber doch eindeutig klar. Ich kann sagen: ›Er ist nicht‹, oder ›Er ist‹. Aber ich kann nichts Innerweltliches ›Gott‹ nennen. Das ist doch Schwindel. So z. B., wenn Goethe sagt: ›Gott ist Gefühl.‹ Die Bibel dagegen sagt: ›Gott steht außerhalb der Welt als ihr Schöpfer und Herr.‹

Zweitens: Die Weltanschauungen und das Evangelium unterscheiden sich in dem, was sie über den Menschen sagen. Alle Weltanschauungen glauben, dass der Mensch irgendwie gut ist. Der Idealismus sagt: ›Der Mensch hat einen guten Kern.‹ Sie sagen: ›Der arische Mensch ist gut.‹ Der Kommunist behauptet:

›Der klassenlose Mensch ist gut.‹ Da kommt eine Großmutter zu mir und sagt: ›Mein Enkel, Herr Pastor, der klaut und verhaut seine Schwestern – aber es ist ein guter Kern in ihm.‹ Also: Alle Weltanschauungen sagen, der Mensch sei gut. Die geoffenbarte Wahrheit der Bibel aber sagt: ›Der Mensch ist vor Gott böse und darum aufs Allerhöchste erlösungsbedürftig.‹ Im Katechismus der Reformierten heißt es: ›Ich bin von Natur geneigt, Gott und meinen Nächsten zu hassen.‹ Da stand ich also vor den SS-Leuten und machte ihnen klar, wie böse wir Menschen sind, und dass wir in die Hölle kommen. Drittens: Sie unterscheiden sich in dem, was über die Erlösung gesagt ist. Irgendwie beinhalten alle Weltanschauungen das Element der Selbsterlösung. ›Wer stets strebend sich bemüht‹, sagt mein lieber Landsmann Goethe, oder, ›Wenn wir reinrassige Arier züchten, dann sind wir erlöst.‹ Die Bibel sagt: ›Du bist erlöst worden. Nun nimm es an.‹ Und an dieser Stelle zeichnete ich ein Kreuz auf das Blatt Papier.

Viertens: Sie unterscheiden sich in der Hoffnung. Die Weltanschauungen sagen: ›Irgendwann einmal kommt das ganz große Deutsche Reich.‹ Oder: ›Irgendwann kommt die klassenlose Gesellschaft.‹ Irgendwann ... Die Bibel aber sagt: ›Irgendwann kommt Jesus wieder.‹ Am Ende steht eine Katastrophe für die Welt, weil der Herr der Welt auf die Bühne tritt, sichtbar und herrlich!« Während ich den SS-Leuten diesen Vortrag hielt, saß hinter der Zellentür gegenüber ein Freund und Amtsbruder von mir. Davon wusste ich gar nichts. Aber später erzählte er mir: »Ich sitze da so verzweifelt und auf einmal höre ich jemanden reden. Ja Mensch, denke ich, der Wilhelm Busch, was schreit der denn so? Mensch, der evangelisiert hier im Gestapo-Gefängnis!« Da sei er auf die Knie gefallen und habe die ganze Zeit lang gefleht: »Herr, gib ihm Vollmacht. Tu die Herzen auf!« Da habe ich gedacht: »Das ist die Kirche der Zukunft.« Die Kirche im Gefängnis: Der eine legt Zeugnis ab und der andere, hinter verriegelter Tür, kniet und schreit zu Gott. Das ist die wahre Kirche, die eigentliche, die mit Jesus unterliegt und doch siegt.

Jesus bleibt Sieger

Zum Schluss möchte ich Ihnen noch diese Geschichte erzählen: Ich war einmal in Essen im Gefängnis und ich war sehr elend. Ich hatte Fieber, ich fror, ich war hungrig, ich war völlig »down«, bereit zu jeder Niederlage. Dann wurde ich aus der Zelle geholt und zum Verhör zur Staatspolizei geführt. Da saßen die drei führenden Männer. Die waren auf einmal katzenfreundlich. Da verkrampfte sich mein Herz. Ich dachte: »Wenn ihr freundlich seid ...« Sie sagten: »Pastor Busch, wir haben gesehen, dass Sie gar nicht so übel sind. Sehen Sie, der einzige Unsinn ist, dass Sie unter allen Umständen Jugendpfarrer sein wollen. Wir garantieren Ihnen, in zehn Jahren wird kein junger Mensch in Deutschland mehr wissen, wer Ihr imaginärer Jesus ist. Das garantieren wir Ihnen. Dafür sorgen wir. Und darum braucht man keine Jugendpfarrer mehr. Wir offerieren Ihnen, Pfarrer Busch: Sie können jetzt auf der Stelle entlassen werden, und Sie bekommen eine Stelle als Oberregierungsrat, wenn Sie versprechen, zu keinem Menschen mehr Ihre Botschaft zu sagen. Sie können glauben, was Sie wollen. Wir geben Ihnen 24 Stunden Bedenkzeit.«

Meine Freunde, das ist grauenvoll. Sie sitzen unsagbar hungrig und frierend und fiebernd in der Zelle und denken: Nur raus jetzt! Ich darf ja glauben, was ich will. Ich soll bloß nicht mehr reden. Ich kann morgen raus, habe eine ordentliche Stelle, und der ganze Druck und die Verfolgung hören auf. Ich konnte einfach nicht mehr, wirklich nicht. Ich brauchte nur zu sagen: Ich will nicht mehr darüber reden. Ich kann für mich glauben, was ich will. Da waren alle Dämonen der Hölle in meiner Zelle. Verstehen Sie das? Sie sagten mir: »Tu das doch, tu das!«

Und dann trat ER auf – ER, der lebendige Herr – und hielt mir vor Augen, wie herrlich ein Leben in seinem Dienst ist. Er machte mir klar, dass man das nicht halbieren kann: Du kannst zwar für dich alleine glauben, aber schweigen? Das geht nicht. Dann sag mir ab! Dem Mann, der mich auf Golgatha erkauft hat, absagen? Keine Versöhnung mit Gott mehr, keinen Frieden, keinen Heiland, kein seliges Sterben, keine Hoffnung auf ewiges Leben? Das ist unmöglich.

Am nächsten Morgen trat ich vor die Leute und sagte: »Ich kann Ihr Angebot nicht annehmen.«

Meine Freunde, Sie werden auch noch solche Prüfungen erleben. Dazu braucht man keine Staatspolizei. Fragen Sie sich: Wo stehen Sie eigentlich? Haben Sie in Ihrem Leben einmal eine Entscheidung gefällt? Meinen Sie, Gott reißt sich seinen Sohn vom Herzen und schickt ihn in die Welt, damit wir darüber diskutieren? Damit wir weiterleben und sagen: Wir können auch ohne ihn auskommen? Wie denken Sie sich das? Der Tatsache von Golgatha gegenüber wird mein ganzes »Ja« oder ganzes »Nein« gefordert, und zwar immer von neuem.

»In zehn Jahren wird kein junger Mensch mehr wissen, wer Jesus ist.« Es war ein paar Jahre später, kurz vor Kriegsschluss; ich war gerade in der Stadt. Es gab Alarm, sofort Vollalarm, und dann krachten auch schon die ersten Bomben. Ich wusste nicht wohin. Da war aber eine Anlage, ein Eingang zu einem tiefen Bunker, der aber noch nicht fertiggestellt war. Es gab noch keine Treppe, sondern nur einen schrägen Schacht, der hinunterführte. Wenn es aber hinter Ihnen kracht, dann fragen Sie nicht nach Treppen. Ich glitt also hinein, über feuchten Lehm. Dabei kam ich ins Rutschen und sauste mit affenartiger Geschwindigkeit in den Bunker hinein. Unten stand ein Soldat und fing mich auf. Es gab nur ein bläuliches, ganz trübes Licht. Dann erkannte ich ihn: Es war der Chef der Geheimen Staatspolizei! Er wartete auf den Einmarsch der Amerikaner und hatte sich als kleiner, schlichter Infanterist verkleidet. Und plötzlich stammelte er in dem blauen Licht der fahlen Nacht ganz erschrocken: »Pfarrer Busch? Leben Sie denn noch?« Es wurde schrecklich gestorben damals. Man wurde hingerichtet, man wurde umgelegt, man wurde liquidiert, man kam ins KZ, man wurde von Bomben getroffen.

»Leben Sie denn noch?« Da packte mich der Übermut des Glaubens. Ich sagte: »Herr Nohles, wir werden noch viele überleben.« Er verstand dieses »Wir« gut. Ich sah Jesus an der Spitze und mit ihm die ganze Schar, die an ihn glaubt. Wie war das noch vor ein paar Jahren? »In zehn Jahren wird kein junger Mensch mehr wissen, wer Jesus ist.«

Ja, wir überlebten noch viele. Acht Tage später hatte sich dieser Mann erhängt.

Aber ich darf heute vor Ihnen stehen und den Heiland rühmen, ohne den zu leben kein Leben ist.

Freiheit durch Christus

Verkündigung auf Umwegen

Ich beginne mit einem Erlebnis. Als Hitler auf der Höhe seiner Macht war, so um 1937/38, begann Dr. Eberhard Müller, den Sie ja von den evangelischen Akademien kennen, ein Team zusammenzustellen, mit dem er sogenannte evangelische Wochen veranstaltete, geistliche Auseinandersetzungen mit den Themen unserer Zeit. Es war unheimlich, wie das einschlug. Der Eintritt kostete zwei Mark für einen Vortrag. Es war an einem glockenhellen Wochentag in der Mannheimer Christuskirche, die 3000 Plätze hat. Dort sprach ich mittags über das Thema: Liebe und Ehre in der evangelischen Jugendarbeit. Können Sie sich was darunter vorstellen? Glauben Sie, heute würde das jemand verstehen, wenn ich mittags um zwei Uhr darüber sprechen würde? Da käme doch kein Mensch. Damals waren 3000 Menschen da. Sie wussten, dass die Nazis unablässig trommelten: »Diese schäbigen Christen, für sie ist der Höchstwert – so nannten sie es, die Liebe – die Liebe Gottes in Jesus, die Liebe, die sie weitergeben. Doch Liebe ist eine schwächliche Angelegenheit. Der Höchstwert im Leben muss aber die Ehre sein. Diese Parole wurde nun überall ausgegeben. Sie stammte von Rosenberg, dem weltanschaulichen Schulungsleiter. Jedem denkenden Menschen, jedem jungen Menschen kam die Frage: Was ist denn nun der Höchstwert im Leben? Was ist denn Ihr Höchstwert? Aber ich will Ihnen zeigen, dass das damals eine unendlich lebendige Auseinandersetzung war. Da lag nicht diese Trägheit, wie heute, über allem geistlichen Leben. Und weil die Sache zunahm, richtete Eberhard Müller es so ein, dass in allen Provinzen evangelische Wochenenden gehalten wurden. Ich übernahm das für das Rheinland. Ich veranstaltete also den evangelischen Samstag und Sonntag in Neuwied, in Kreuznach und in Moers.

Nun hatte ich solch eine Veranstaltung in Kreuznach. Der Mann, der mir da zur Hand ging, war ein junger Lehrer. An einem Samstagmorgen fuhr ich also nach Kreuznach. Eine Station vor Kreuznach kam auf einmal der junge Lehrer in den Zug gestiegen. Ganz aufgeregt sagte er: »Nehmen Sie Ihren Koffer, schnell, wir gehen in den letzten Wagen.« Ich fragte: »Warum? Wieso?« »Ja, also ich erkläre es Ihnen gleich. Hören Sie, am Bahnhof in Kreuznach ist die Staatspolizei aufgestellt und will Sie am Reden hindern. Wir wissen nicht, ob man Sie gleich abschiebt oder verhaftet, aber sie haben nicht den Mut, es zu verbieten, weil so furchtbar viele Leute vom ganzen Hunsrück und aus dem Nahetal gekommen sind. Man will Sie stillschweigend abschieben.« Ich sollte am Nachmittag und Abend des Samstag reden, am Sonntag jemand anders. »Und dann machen wir es so: wir steigen aus dem letzten Wagen aus und gehen dann, in der Deckung des Zuges, nicht durch die Sperre, sondern gleich hinten durch den Wald.« Das wurde dann auch so gemacht. Ich hatte für 48 Stunden nicht viel Gepäck. Als nun der Zug hielt und alle ausstiegen, gingen wir raus, in Deckung des Zuges, über Gleise und Drähte. Dann waren wir im Wald verschwunden. Wir machten einen großen Bogen um Kreuznach und überlegten, wohin wir gehen konnten. Zu dem Lehrer konnten wir nicht und zum Pfarrer auch nicht. Natürlich würde mich die Staatspolizei in Pfarrhäusern oder bei den Leuten der Gemeinde suchen, wenn ich nicht an der Sperre erschien. Am besten schien uns ein großes Café, das war am unauffälligsten. Da würden viele Fremde sein, da würde man sicher am besten untertauchen können. Während wir uns langsam von der anderen Seite von Kreuznach an das Café heranschlichen, mache ich jetzt einen kleinen Einschub.

Exkurs: Einfluss der Gestapo

Sie haben wahrscheinlich keine Vorstellung mehr davon, was das war, die Geheime Staatspolizei. Das ist das Merkwürdige an diktatorischen Staaten, dass der normale Rechtsweg, Gefängnis und Gericht und Polizei nicht mehr genügen, sondern dass sich ein zweiter Rechtsweg entwickelt: Geheime Staatspolizei, Gestapo-Gefängnis, Konzentrationslager. Diese Staatspolizei war eine riesenhafte Organisation, die sich über alles Leben in Deutschland legte. Wir haben uns oft gefragt: Ist die Geheime Staatspolizei, Gestapo genannt, ist sie allwissend oder ist sie es nicht? Sie verbreitete gern den Nimbus des »Wir wissen alles«. Sie wussten viel. Die Schwierigkeit bestand nämlich damals immer darin: Wenn zwei Leute miteinander redeten, dann konnte der zweite immer ein Verräter sein. Wenn ich einen unüberlegten Satz sagte, konnte das der Staatspolizei gemeldet werden. Damals lernte man den so genannten »Deutschen Blick«. Wenn zwei sprachen, guckten sie sich um, ob einer zuhörte. Ja, die Gestapo wusste viel. Diese Organisation hat ein solches Maß an Misstrauen geschaffen,

dass Sie es sich gar nicht vorstellen können. Wenn zwei miteinander redeten, konnten sie nie sicher sein, ob der andere nicht irgendeinen dummen Satz anzeigte. Da schloss sich jeder ein in sein Zimmer. Da sagte man zum andern nur noch das, was die Staatspolizei wissen durfte. Das ganze Volk wurde zu Heuchlern. Das gab grauenvolle Komplexe und Verbiegungen. Das müssen Sie meiner Generation zugute halten. Sie hat seelische Wunden davongetragen, die nicht mehr heilen. Man erlebte bei dieser Staatspolizei merkwürdige Dinge.
Ich will Ihnen ein kleines Erlebnis erzählen. Da sollte am Sonntag eine Abkündigung der bekennenden Kirche verlesen werden. Die Nazis hatten sich aller Organisationen, auch der Kirche, bemächtigt und da war eine bekennende Kirche entstanden, zu der Teile der Pfarrer und Teile der Presbyterien gehörten. In Württemberg war das nicht so scharf wie bei uns im Rheinland. Es sollte also von den Kanzeln eine Erklärung verlesen werden gegen die Euthanasie, also dagegen, dass man die geistig Schwachen und Epileptischen umbringt. Das war so durchgesickert. Da sollte die Erklärung auch gleich als Flugblatt in der Gemeinde verteilt werden. Die Staatspolizei kriegte Wind davon. Am Samstag kamen zwei

Herren, die kamen immer zu zweit. Einer war der Begleiter, der blieb an der Tür stehen, und der andere setzte sich auf einen Stuhl in meinem Studierzimmer. Und auf dem Tisch, da lagen die Flugblätter, ein ganzer Stapel. Der Beamte legte den Arm darauf und fragte: »Herr Pfarrer, haben Sie die Flugblätter?« Ich sagte: »Darüber bin ich Ihnen keine Auskunft schuldig.« »Dann muss ich eine Hausdurchsuchung machen.« Ich sagte: »Das kann ich nicht verhindern. Suchen Sie doch. Hier sind große Bücherschränke, hinter jedem können die Flugblätter sein. Ich kann Sie nicht aufhalten.« Der Mann stand auf, ging wütend durchs ganze Haus, setzte sich dann wieder auf den Stuhl, legte den Arm auf die Blätter und sagte: »Scheint keine zu haben.« Ich würde ja gerne glauben, dass das ein freundlicher Mann war, der nichts sehen wollte, aber ich kannte den Burschen. Wenn der die Blätter gefunden hätte, dann hätte er mich mitgenommen. Das war das Unheimliche. Als die Leute den Kampf gegen uns eröffneten, da eröffneten sie einen Kampf mit einer Front, an der der lebendige Herr mitspielte. Es heißt in der Bibel manchmal, dass Leuten »die Augen gehalten« wurden. Ich bin überzeugt: Dem Mann wurden die Augen gehalten. Er sah einfach nicht, was da unter seinem Arm lag. Es ging aber längst nicht immer so herrlich ab.

Gottes Wort als Waffe

Ich habe mich oft gefragt: »Warum haben die gerade uns so gehasst und so schrecklich verfolgt?« Sie haßten es nur, wenn klare biblische Botschaft verkündigt wurde. Denn es ging uns immer mehr auf, dass jedes Wort der Bibel im Widerspruch stand zu allem, was die Leute glaubten. Mein Bruder Johannes wurde in Stuttgart einmal verhaftet und dann ausgewiesen, weil er einen Vortrag über Jesus gehalten hatte. Dagegen hatten sie nichts. Der Vortrag schloss mit den Worten: »Du, du bist meine Zuversicht alleine, sonst weiß ich keine.« Da griff die Staatspolizei zu. Unsere Zuversicht ist der Führer! Und Sie sagen: Sonst weiß ich keine als Ihren Jesus? Unerhört! Das war ein Schlag mitten hinein in die Lehre des Dritten Reiches und jedes totalitären Staates, und, meine Freunde, hinein in jede Ideologie. Ich vergesse nicht, wie ich einmal in Wuppertal in einer riesigen Halle in einer Bekenntnis-Versammlung sprach, zusammen mit dem alten Pfarrer Niemöller, dem Vater von Martin Niemöller. Kurz vor Beginn kam die Staatspolizei und sagte: »Niemöller, Sie dürfen nicht sprechen. Das ist von Berlin verboten. Der Pfarrer Busch darf reden, Sie nicht. Das Einzige, was Sie dürfen, ist, ein Bibelwort vorzulesen.« »Ist gut«, sagt der alte Niemöller mit seiner tiefen Stimme. »Erst singen wir, dann beten wir und dann geh ich nach vorne.« »Wir hören ein Wort aus Psalm 73.« Ich höre noch heute seine Stimme: »Denn es verdross mich der Ruhmredigen, als ich sah, dass es den Gottlosen so wohl ging. Sie stehen fest wie ein Palast, darum muss ihr Trotzen ein köstlich Ding sein und ihr Frevel muss wohlgetan heißen. Ihre Person brüstet sich wie ein fetter Wanst, sie tun, was sie nur gedenken. Sie achten alles für nichts und reden übel davon und lästern hoch her. Was sie reden, muss vom Himmel herab geredet sein; was sie sagen, das muss gelten auf Erden. Darum läuft ihnen ihr Pöbel zu und laufen ihnen zu in Haufen wie Wasser.« Da fingen die beiden Staatspolizisten an, in ihren Mappen zu wühlen. Da hatten sie nämlich eine Bibel drin: Sie mussten ja die Dinge kontrollieren. Sie guckten dem Niemöller über die Schulter. Steht das in der Bibel? »Darum läuft ihnen ihr Pöbel zu?« Es ist eine fragwürdige Sache mit mancher Versammlung. Dann schlugen sie die Stelle auf: Das steht tatsächlich in der Bibel. Dann wurde es still, totenstill, als Niemöller fortfuhr:

»Bis ich ging ins Heiligtum und merkte auf ihr Ende. Wie werden sie so plötzlich zunichte. Wie ein Traum, wenn einer erwacht, so machst du, Herr, ihr Bild in der Stadt verschmäht.« Da lief es selbst den Staatspolizisten kalt über den Rücken. Wenn die Recht haben, dann sind wir verloren! Verstehen Sie, die hatten nichts gegen ein allgemeines Feld-, Wald- und Wiesenchristentum. Dagegen hatten sie überhaupt nichts, im Gegenteil, das unterstützten sie sogar. Der Führer sprach in seinen Reden: »Der Höchste möge uns segnen und die Vorsehung mit uns sein.« Aber die Bibel spricht davon, dass wir vor Gott verlorene Sünder sind. Der Führer, ein Sünder? Der arische Mensch ein Sünder? Unterm Gericht Gottes? Kein Heil, als in Jesus Christus! Dem fällt man zu oder man hasst ihn. Das ist übrigens heute noch so. Wenn der Satz Sie zur Weißglut reizte: »Du, du bist meine Zuversicht alleine, sonst weiß ich keine«, dann darf ich Sie hier fragen: Was ist denn Ihre Zuversicht? Dem Evangelium fällt man in der Gänze zu oder man muss es hassen. Geben Sie sich Antwort.

Phantasie als Werkzeug

Aber nun sind wir also in dem Café angekommen. Der Einschub ist zu Ende. Wir kamen in das Café und setzten uns in die Ecke an einen Tisch. Es waren ein paar von den Mitveranstaltern dazugekommen. Dann haben wir beraten: Was machen wir? Es kamen Boten, die sagten: »Die Staatspolizei hat Sie am Bahnhof nicht gefunden. Die haben sich jetzt um die Kirche herum aufgestellt. Sie haben offenbar eine Fotografie von Ihnen, um Sie an der Kirchentür abzufangen und am Reden zu hindern.« Es war eine alte Erfahrung: Wer auf der Kanzel stand, dem taten sie nichts. Da hatten sie irgendwie das numinöse Gefühl »das fürchten wir«. Aber an der Tür konnten sie mich abfangen. Ich habe oft erlebt, dass sie an den Türen standen, rechts und links, und die Fotografie mit den Gesichtern der hineingehenden Menschen verglichen. So weit habe ich mich nie herabgelassen, dass ich mir einen falschen Bart angeklebt hätte. Aber beinahe so. Es wurde beschlossen: Wir verkleiden den Pastor Busch. Ich kriegte einen Talar angezogen in einem Hinterraum des Cafés. Der wurde mit zwei Stecknadeln hochgesteckt, die ich nur rauszuziehen brauchte, dann fiel er mir hinunter auf die Füße. Darüber kam ein toller Kamelhaarmantel, eine Schlägermütze und eine Zigarette in den Mundwinkel. Ich sagte: »Das ist aber ein bisschen übertrieben.« »Ja«, sagten die Mitarbeiter, »aber das kann gar nicht übertrieben genug sein. Sie sehen jetzt aus wie ein Spitzel.« Als dann gerade ein großer Schwarm Menschen hineinging, drängte ich mich mit hinein. Die Polizisten guckten mich komisch an. Ich blieb auf der Treppe stehen und warf die Zigarette in hohem Bogen fort. Dann nahm der Küster mir den Mantel und den Hut ab, zwei rissen die Nadeln heraus und ich lief schnell die Kanzeltreppe hoch. Da gaben sie es auf. Zwei von ihnen nahmen einen Stuhl, es war eine hohe Kanzeltreppe, die senkrecht nach unten ging, und setzten sich rechts und links davon hin. Diese erste Rede konnten sie nicht mehr verhindern. Es war schön. Diese Gegend war geistlich tot, nicht so lebendig wie Württemberg. Es war herrlich. Diese große Kirche in Kreuznach war voll. Auf den Gängen standen sie, die Weingärtner von der Mosel und die Bauern vom Hunsrück. Dann habe ich das Evangelium verkündigt. Ich habe gesagt, was wir erleben, wenn unser Herz friedlos ist, bis es Frieden mit Gott hat. Dazu braucht man den, der uns versöhnt, den Herrn Jesus. Aber während ich da redete, war in meinem Unterbewußtsein die Frage: Wie komme ich gleich wieder hier raus? Ich musste doch an dem Abend noch einmal reden. Da fiel mir ein wunderbarer Trick ein. Wissen Sie, es ist etwas Merkwürdiges um dieses Lied »Ein feste Burg ist unser Gott«, diese evangelische Nationalhymne. Wenn dies Lied gesungen wird, stehen alle sofort auf. Darum sagte ich: »Nun singen wir zum Schluss das Lied: Ein feste Burg ist unser Gott.« Der Organist war begeistert. Und tatsächlich, alle erhoben sich, auch die Beamten. Während dieser ›heiligen Handlung‹ konnten sie mich nicht gut verhaften. Ich eilte die Treppe runter und während sie dastanden, warf ich mir den Mantel über, nahm die Schlägermütze und war verschwunden. Es war Samstagabend so gegen 17 Uhr, es war ein Herbsttag. Ich konnte jetzt in kein Café mehr gehen, in kein Haus. Alles wurde abgesucht. Man führte mich ans Ende des Kurparks – Kreuznach ist eine Kurstadt – es fing an zu regnen. Dann gingen alle weg, damit ich nicht auffiel. Da saß ich in der Dunkelheit im Regen, ganz alleine und fror. Später brachte mir einer mein Gepäck und ein bisschen zu essen. Es war gut, ich wollte allein sein, denn zwei Mann, das fiel schon auf und drei waren eine Volksansammlung. Am Ende des Kurparks saß ich da in der Dunkelheit im Regen. Sehen Sie, damals erlebte ich eine grenzenlose Einsamkeit. Gewiss

waren viele Leute gekommen, um mir zuzuhören, aber wer von denen war denn bereit, sich zu Jesus zu bekennen, wenn es darauf ankam. Da kann einen eine Mutlosigkeit befallen. Mensch, das ist doch alles vergeblich. Du kommst doch nicht gegen eine ganze Staatsmacht an. Da lernen Sie beten.
Am Abend bekam ich eine andere Verkleidung. Ich ging dann ein zweites Mal hinein und habe meine Abendversammlung gehalten, und dann schnappte mich die Gestapo und beschwor mich abzureisen. Ich sagte: »Das habe ich sowieso vorgehabt.« Am nächsten Tag sprachen Leute, die noch nicht weiter verdächtig waren.

Die Macht der Lüge

Aber lassen Sie mich jetzt mal bei dieser entsetzlichen Einsamkeit stehen bleiben. Das war die Lage von Christen mit der Bibel im Dritten Reich. Im Grunde war das immer unsere Lage, die Lage, in der ich mich dort im Kurpark befand. Man stand so grenzenlos allein, und gegenüber waren Mauern einer dämonischen Macht. Lassen Sie mich diese Mauer ein bisschen schildern. Da war die Macht der Lüge. Es gehörte für mich einfach zum Erstaunlichsten, wie die Staatspolizei und auch alles Übrige der Lüge verschworen war. Darum sind wir so empfindlich, wenn im Bundestag gelogen wird. Aber wenn die Staatspolizei mich verhaftete – es ist nur ein paarmal passiert – dann kamen zwei Mann und sagten: »Wir müssen Sie verhören, Sie müssen mitkommen.« Ich sagte: »Sie können mich doch hier verhören.« »Nein, Sie müssen mitkommen.« Dann wusste ich schon, das bedeutet Verhaftung. »Sie wollen mich verhaften. Lassen Sie mich doch meine Zahnbürste mitnehmen.« »Nein, nein, Sie kommen mit, Sie sind in einer Stunde wieder hier. Nur eben nach Gelsenkirchen.« Da hatte ich morgens gepredigt. »Sagen Sie doch, dass Sie mich verhaften wollen.« »Nein, wirklich nicht, nur ein Verhör, und weil die alle in Gelsenkirchen sind, müssen Sie da hin.« Wenn ich dann da reinkam, lag der rote Schein auf dem Schreibtisch. Ich guckte hin – Busch. Ich sagte: »Das ist ja der Verhaftungsbefehl!« »Jawohl, Sie sind verhaftet.« Ich habe sie mal gefragt »Warum lügen Sie denn so? Warum sagen Sie nicht, dass Sie mich verhaften?« »Ach, wissen Sie, dann machen die Weiber so ein Geschrei und die Kinder heulen, das wollen wir vermeiden.« Ich sage: »Sie wissen doch ganz genau, dass meine Frau keine Szene macht und meine Kinder auch nicht. Das wissen Sie ganz genau, warum lügen Sie dann?« Da ging mir etwas auf: Man kann so viel lügen, dass es zu einer Sucht wird. In der Bibel sagt der Herr Jesus, dass der Teufel ein »Vater der Lüge« sei. Mit jeder Lüge laufen Sie in sein Lager, greifen Sie die Hand des Teufels. Und das Merkwürdige ist, dass man lügen muss, obwohl es gar nicht nötig ist. Vielleicht haben Sie die Erfahrung bei sich schon gemacht. Dieses entsetzliche Lügen-Müssen der Leute! Das ging bis in die Konzentrationslager. Wenn sie die Juden in die Gaskammern trieben, sagten sie: »Ihr bekommt ein Bad.« Jeder wusste, dass sie vergast werden sollten. Aber das sagte man nicht. Man sagte hier noch, angesichts des grauenvollen Todes: »Wir wollen euch baden«, was ganz sinnlos war. Man musste lügen. »Wer Sünde tut«, sagt Jesus, der »ist der Sünde Knecht.« Nun war das ganze öffentliche Leben vergiftet mit dieser Lüge. Ich war einmal in einem Verhör, da sollte ich einen Namen sagen. Ich war aus dem Gefängnis herausgeholt worden zu diesem Verhör. Es wurde ein Protokoll aufgenommen. Dann kramte der Beamte, er saß rechts an der Schreibmaschine, ich saß links, und sagte: »Ich mache 5 Durchschläge; für die Staatspolizei, für den Staatsanwalt, für was weiß ich alles. Sie können en bloc unterschreiben.« Er reichte mir den ganzen Packen herüber. Aber ich sagte: »Moment mal, kann ich das Protokoll mal eben durchlesen?« »Lassen Sie das, Sie wollen wohl Ihr Misstrauen gegen mich aussprechen!« »Sie können nicht verlangen, dass ich Ihnen mein unbegrenztes Vertrauen schenke. Meine Mutter hat mich schon als Kind gelehrt, wenn ich mit meinem Namen unterschreibe, dann muss ich auch wissen, was es ist. Erlauben Sie.« In diesem Augenblick riss er mir die Papiere weg und ich sah: Das waren ganz andere Blätter. Da ließen sie mich in aller Unwissenheit im Durchschlag etwas ganz anderes unterschreiben. Ich habe nicht unterschrieben. Was sollte das? Der Zwang zum Lügen ist mir so unheimlich, weil es ihn in unserer Zeit auch noch gibt. Es gibt noch einen Teufel, und es gibt einen Zwang zum Lügen. Und dieses Lügen-Müssen ging so weit, dass sie den lieben, treuen Gefängnispfarrer mit einspannten. Da war ich also eingesperrt und sollte einen Namen verraten. Ich nannte ihn nicht. Da kam der Pfarrer rein und sagte: »Ich soll Ihnen bestellen, dass Ihre Lage hoffnungslos ist. Sie werden übermorgen ins KZ überführt.« Ich sagte: »Lieber Bruder, machen Sie mir keine Angst. Haben Sie eine Predigt bei sich?« »Ja.« Wir hockten uns in die Zelle. Er las mir also die Predigt vor. Später sagte er: »Die haben mich vorher bearbeitet, ich solle Ihnen noch einmal alles vor Augen stellen.« Ich sollte gar nicht ins KZ kommen. Sehen Sie, sogar der arme kleine Pastor wurde eingeschaltet, mich fertigzumachen mit Lüge. Als ich hierher reiste und mir alles das noch einmal vor Augen stellte, bin ich ganz neu erschrocken über die Macht der Unwahrhaftigkeit und der Lüge. Und ich dachte an Jesu Wort: »Wer aus der Wahrheit ist, der hört meine Stimme.« Das waren Mauern, gegen die wir so einsam standen, die Mauern der Lüge im Großen und Kleinen.

Die andere Mauer war die Gesetzlosigkeit, dass das Recht aufgelöst wurde. Es ist schlimm, wenn ein Politiker gegen die Einbahnstraße fährt und dann den Polizisten fort haben will, der ihn daran hindern will, dass ein führender Politiker sich einen »Jagdschein besorgt« auf krummem Weg. Ich mache nur eine Andeutung. Sie wissen, was ich meine. Sie sagen: Das sind kleine Dinge. Aber die machen mich nervös. Denn die Auflösung des Rechtes ist das Ende jeder Gemeinschaft. Ich erinnere mich, wie der verehrte Professor Heim einmal eine Predigt hielt über den Psalmtext: »In dem Reich dieses Königs hat man das Recht lieb.«

Er hat das nur ausgelegt, ohne Seitenhiebe. Da gab es einen Riesensturm. Die Veröffentlichung wurde beschlagnahmt. Sie wurde verboten. Die Auflösung des Rechtes!

Verzweiflung, Angst und Einsamkeit

Ich habe gleich im Anfang, bei einer der ersten Erfahrungen mit der Staatspolizei einen erschütternden Eindruck bekommen. Da war ein SS-Mann, den ich kannte, der ab und zu mal im Gottesdienst gewesen war – am Anfang ging das noch – der war in Schuld gefallen, er hatte Unterschlagungen gemacht. Der hatte seiner Truppe Anzüge besorgt und an jedem Anzug ein wenig verdient. Das ging natürlich nicht. Da war er verhaftet worden, und nun wünschte er den Pastor Busch.

Die Staatspolizei genehmigte das. Ich ging ins Präsidium, und da waren die Beamten der Staatspolizei und die SS-Führer und sagten: »Herr Pfarrer, der Mann möchte Sie sprechen.« Ich sagte: »Das ist nett, dass Sie mir erlauben, zu ihm zu gehen.« »Also, wir können ja kein Verfahren machen wegen dieser Sache. Da kriegt er drei Monate. Aber das ist unmöglich. Für den gibt es nur einen Weg: Er muss sich erschießen. Wir haben ihm einen Revolver in die Zelle gelegt. Dürfen wir Sie bitten,

Ihre Seelsorge so auszurichten, dass der Mann sich erschießt.«
»Das können Sie nicht von mir verlangen.«
»Wir verlangen von Ihnen, dass Sie dem Mann helfen, diesen Schritt zu tun.«
Ich sagte: »Also, was ich in der Seelsorge tue, das müssen Sie schon mir überlassen.« Ich kam in die Zelle. Es war entsetzlich, dieses Loch und ganz oben ein Licht. So sperrt man nicht einmal Tiere ein. Dass ich später in genau dieser Zelle wochenlang sitzen sollte, ahnte ich damals noch nicht.
Da saß nun dieser verzweifelte Mann. Auf dem kleinen Tisch lag der Revolver. »Herr Pfarrer, soll ich?« »Nein, tun Sie es nicht! Gott will nicht den Tod des Sünders, sondern er will, dass er lebe. Lieber Freund, das heißt, dass du vor Gott erst einmal Buße tust und den annimmst, der das Leben ist, den Herrn Jesus.« Es war eine erschütternde Besprechung. Der Mann hat sich dann nicht erschossen. Dies war wohl der erste Anlass, weshalb die Staatspolizei mir böse war – dass ich ihnen den Gefallen nicht tat, den Mann in den Selbstmord zu treiben.
Aber damals ging mir erschütternd auf: Das Recht ist machtlos. Im Propheten Habakuk heißt es von der Endzeit: »Keine Sache des Rechtes kann mehr gewinnen.« Das Recht

ist ohnmächtig geworden. Es ist entsetzlich, wenn das eintritt. So war das nun geworden. Und da stand ein Christ unsagbar einsam. Ich glaube, dass alle wirklichen Christen das in der damaligen Zeit erlebt haben, diese furchtbare Einsamkeit, besonders, weil der christliche Bürger sich von uns zurückzog. »Wir sind auch Christen, aber der Pastor Busch braucht ja keinen vor den Kopf zu stoßen.« Es gab damals einen Satz, der hieß so: »Als Daniel in die Löwengrube kam, ist er den Löwen auch nicht auf die Schwänze getreten.« Ich habe gesagt: »Doch, der lief herum und hat gesagt: Weg mit euren Schwänzen, ich komme im Namen des Herrn!« Ich bin davon überzeugt.

Ich hielt in einer höheren Schule als Jugendpfarrer montags morgens eine Schulandacht. Als ich meine erste Haft hinter mir hatte und da wieder hinkam, stand der Direktor zitternd vor mir und sagte: »Ich habe den Schülern verboten, jetzt noch in Ihre Schulandacht zu kommen.« Von da an grüßte er mich nicht mehr, obwohl wir uns gut kannten. Er war ein christlicher Mann, Presbyter in einer Gemeinde. Mit dem Feld-, Wald- und Wiesenchristentum konnte man ja das alles vereinen.

Mit dieser Vereinsamung ging manchmal eine tiefe Verzweiflung Hand in Hand. Was habe ich in den ersten Tagen nach meiner Verhaftung immer für Abgründe von Verzweiflung mitgemacht! Ich weiß nicht, ob Jochen Klepper für Sie ein Begriff ist. Er war ein Christ, dessen Frau Jüdin war. Sie konnte nicht mehr ausreisen. Er sagte: »Ich kann nichts dagegen tun, dass meine Frau vergast wird.« Er sollte gezwungen werden, sich scheiden zu lassen. Da hat er sich das Leben genommen. Wer mag hier richten? Ich ahne, durch welche Dunkelheiten und Verzweiflungen dieser Mann gegangen ist.

Wir lernten eine Frau kennen, deren Mann Arzt war. Sie waren glücklich verheiratet. Die Frau war Jüdin. Er ließ sich scheiden, verjagte seine Frau, mit der er 30 Jahre glücklich gelebt hatte. Die Frau stand eines Tages vor mir. Welche Dunkelheit und Verzweiflung! Sie ist abgeholt und dann vergast worden. In einer Zelle, in der ich mal saß, stand eingeritzt mit den Fingernägeln: »O du Ort meiner dunklen Verzweiflung!« Das war in eine Ecke geschrieben. Da fand ich es eines Tages. Da stand mir klar vor Augen, was in dieser Zelle des Gestapo-Gefängnisses an Verzweiflung, an Dunkelheit durchgemacht worden war.

Dazu kam noch die Angst. Ich habe Angst gehabt. Von mir wurde eine Geschichte erzählt.

Bei meinem 75. Verhör hätte ich einen Blumenstrauß genommen, einen Frack angezogen und gesagt: »Dies ist ein Jubiläum.« Wer das geglaubt hat, der hat keine Ahnung, durch welche Todesängste wir gegangen sind. Man war in der Menschen Hände gefallen, und das war schauerlich. Was wir Prediger in besonderer Weise erleben mussten, das erlebte im Grunde jeder Jesusjünger im 3. Reich.

Ehe ich weiterrede von der Einsamkeit, Verzweiflung und Angst, möchte ich einen kleinen Einschub machen. Es wurde am Anfang die Frage aufgeworfen: »Warum reden wir eigentlich davon? Sind das nicht vergangene Zeiten?« Ich möchte Ihnen zwischendurch als Atempause sagen, warum ich davon rede: Ich habe zwei Gründe. Der erste Grund ist ein politischer. Wir leben in einer Demokratie. Demokratie heißt, dass jeder Bürger mitverantwortlich ist. Es ist erschreckend, wie weit es mit unserer Demokratie gekommen ist. Der größte Teil der Jugend sagt: »Wie können wir verantwortlich sein? Wir können ja gar nicht mehr eingreifen.« Ich möchte Ihnen sagen: Wir haben eine politische Verantwortung dafür, dass so etwas nicht wiederkommt. Das wissen Sie ganz genau, dass es in Deutschland Kräfte gibt, die sich das wünschen. Wiederherstel-

lung. Sie sind dafür verantwortlich, dass dazu »NEIN« gesagt wird! Denken Sie daran, dass Hitler ja nicht mit einem Staatsstreich an die Macht kam, sondern auf legalem Weg. Völlig legal, bis zur letzten Leitersprosse! Er wurde gewählt, die NSDAP wurde die stärkste Partei. Der Präsident Hindenburg übergab ihm die Regierungsbildung. Völlig legal! Er brachte ein Gesetz ein, das ihm alle Vollmachten gab und alles Übrige entmachtete. Das wurde angenommen. Ich bin kein Politiker, aber ich möchte Ihnen sagen, dass Sie politische Verantwortung haben. Nehmen Sie mal einen Politiker, der das Recht gering achtet, der die Macht liebt, und dazu die Notstandsgesetzgebung, wie sie jetzt geplant ist. Das zusammen wäre die nächste Diktatur! Darum bin ich der Ansicht, wir dürfen über diese Dinge nicht einfach schweigen. Ich habe letztes Mal gesagt, wir alle haben Schuld. Wenn ich richtig gestanden hätte, wäre ich nicht mehr am Leben.
Der zweite Grund, warum ich mit Ihnen darüber spreche, ist ein geistlicher Grund. Aber das kann ich jetzt nur den anwesenden Christen sagen. Die Bibel spricht davon, dass die Entwicklung der Weltgeschichte hinzielt auf ein ganz gewaltiges Ereignis: Dass Jesus wiederkommt und König wird. Ich rechne

mit der Wiederkunft Jesu. Dieser Wiederkunft geht noch mal eine dunkle Mitternacht unserer Welt voraus, ein letztes diktatorisches Weltreich. Wir werden noch eine Weltdiktatur erleben. Diese Dinge stürzen auf uns zu, diese apokalyptischen Linien der Bibel. Da sollten Christen sich immer fragen: »Wie werde ich denn stehen, wenn solche Zeiten kommen? Werde ich auch sagen, man muss alles mitmachen, alle machen mit, ich muss, ich muss?« Wie jetzt all die Mörder vor Gericht sagen: »Wir mussten doch.« Oder werden Sie dem Herrn angehören, der Sie mit seinem Blut erkauft hat?

In einem schwäbischen Schulhaus gab es eine alte Magd, die die Kinder abends ins Bett brachte und dann sagte: »Kinder, nehmt einmal, wenn es so weit ist, nicht das Abzeichen des Antichristen an!« Das hat mir immer mächtig imponiert. Die Christenheit kommt in letzte große Bewährungsproben, in denen ich mit ein bisschen Christentum, mit 50 oder 60 % nicht durchkomme, sondern wo es darum geht, ob ich dem Herrn gehöre oder nicht.

Darum rede ich mit Ihnen davon, um Ihnen an dem kleinen Beispiel des Dritten Reiches die Frage vorzulegen: Wie stehe ich denn eigentlich? Könnte ich denn standhalten?

Aber nun ist dieser Einschub zu Ende. Ich habe gesagt, die Stellung eines Christen damals, bedroht von dieser Staatspolizei, war Einsamkeit, oft Verzweiflung, oft tiefe Angst. Wie viel Angst hat meine Frau durchgemacht, als man bei uns Flugblätter suchte. Während ich unten im Haus mit den Beamten redete, sah meine Frau im ersten Stock diese Flugblätter und überlegte: Wo kann ich die verstecken? Sie schob sie unserer kleinen 13-jährigen Tochter, die krank lag, unter die Bettdecke. Und dann durchstöberte die Staatspolizei das Haus. Sie kamen auch in das Zimmer, in dem das kranke Kind lag, aber sie fanden nichts. Auch die Kinder haben teilgenommen an der Angst.

Jetzt drängt sich ja die Frage auf: Und Gott? Schwieg denn der einfach? Als alles schiefging und die Bomben krachten, die Städte brannten, da schrieen die Leute: »Wo ist er denn, warum schweigt er?« Ich möchte Ihnen in aller Deutlichkeit sagen: Gott, der lebendige, heilige Gott, kann schweigen und einem ganzen Volk nichts mehr zu sagen haben, aber er redet zu seinen Kindern. Und ich möchte Ihnen das mitgeben: Fürchten Sie nichts so sehr, als dass Sie unter Gottes völliges Schweigen geraten. Er spricht zu seinen Kindern.

Frieden mit Gott

Nun muss ich Ihnen erzählen, wie Gott mich von der Angst vor der Staatspolizei befreite, indem ich eine größere Angst kennen lernte.

Da saß ich das erste Mal im Gefängnis, anfangs in einsamer Verzweiflung, Angst und Not, bis ich auf einmal merkte, dass Gott mit mir reden wollte. Dann fing Gott an, mit mir zu reden, über mein Leben. Das habe ich bei jeder Haft so erlebt. Als es still wurde, fing Gott an zu reden und nahm mein Leben mit mir durch, allen Hochmut, alle Unreinigkeit, Lüge und Lieblosigkeit.

Auf einmal merkte ich, dass Gott ja zornig ist. »Gottes Zorn«, sagt die Bibel, »entbrennt über alles sündige Wesen der Menschen.« Gottes Zorn loderte in meiner Zelle. Wenn Ihnen solche Gedanken kommen, dass Gott mit Ihnen reden will, dann laufen Sie meistens weg, dann gehen Sie ins Kino oder machen Betrieb. Hier konnte man nicht weglaufen. Das war das Schauerliche und der Segen dieser Sache, dass Gott sagte: Deswegen rede ich mit dir! Du bist ein Sünder.

Ich weiß heute, wie es am Jüngsten Tage sein wird. Wo Gott Ihnen Ihr Leben vor die Füße wirft, und Ihre Sünden liegen völlig offen da.

Irret Euch nicht, Gott lässt sich nicht spotten. Ich habe damals gelernt, was die Hölle ist. Hölle ist, dass man in Ewigkeit unter diesem Zorn Gottes bleibt. Ich weiß nicht, wie die Hölle aussieht, aber das weiß ich, man ist weggeworfen, herausgetan von IHM.

Ich lernte die Angst vor Gott, darum verlor ich die Angst vor diesen lächerlichen SS-Leuten.

Haben Sie schon einmal Angst vor Gott gehabt? Sonst haben Sie noch nicht angefangen, die Wirklichkeit zu sehen. Dieser heilige Gott sieht uns, er umgibt uns, seine Gebote können wir doch nicht mit Füßen treten! Vielleicht muss er Sie auch einmal in die Stille führen, dass Sie ihm nicht mehr weglaufen können.

Dann, als ich dachte: »Mann, ich bin verloren«, kam Jesus und zeigte mir seine Hände mit den Nägelmalen. Auf einmal begriff ich, was ich draußen immer gewusst hatte. Er hat meine Sünde weggetragen. Die Strafe liegt auf ihm, auf dass ich Frieden hätte. Er macht mich gerecht vor Gott. Er ist unser Friede.

Ich arbeite schon lange in der Seelsorge. Dabei treffe ich so viele Christen, die haben keine Freudigkeit und keine Gewissheit. Das liegt einfach daran, dass sie das Kreuz Jesu noch nicht verstanden haben. Er hat mich erkauft, wenn auch alles drunter und drüber geht, ich bin sein Eigentum. Er hat für mich bezahlt. Ich bin ein schlechtes Eigentum, aber ich bin sein! Es wurde hell in meiner Zelle, es wurde so, dass es mir beinahe ging, wie den Priestern des Königs Salomo, als der Tempel eingeweiht wurde. Da war der Tempel so voller Herrlichkeit des Herrn, dass die Priester nicht mehr stehen konnten, die mussten raus. Ich konnte aber nicht raus. Es war so, dass ich es beinahe nicht aushielt vor Freude, dass ich »einen Heiland habe, der vom Kripplein bis zum Grabe, bis zum Thron, da man ihn ehret, mir, dem Sünder, zugehöret«. Er schenkt Frieden mit Gott, Frieden ins Herz, der mich zum Kind Gottes macht, dass ich die ganze Welt auslachen kann, dass ich dem Teufel ins Gesicht lachen kann und seinen Trabanten zweimal. Gott kann einem ganzen Volk schweigen, aber er redet mit seinen Kindern.

Und wenn ich diese Schar junger Menschen sehe, dann wünsche ich Ihnen das, dass Sie aus religiösen Gefühlen, Vorstellungen und unklaren Sachen herauskommen zur Erkenntnis der Wirklichkeit. Ich bin ein verlorener Mensch, das ist Tatsache. Gott lässt sich nicht spotten. Das Wunder ist, dass er mich verlorenen Menschen erlöst hat von allen meinen Sünden, nicht mit Gold und Silber, sondern mit seinem heiligen, teuren Blut, auf dass ich sein Eigen sei.

Lassen Sie mich zum Schluss jetzt noch eine Frage beantworten, die sich aufdrängt. Was waren das für Menschen, diese Staatspolizeibeamten? Was waren das für Männer? Das waren ja nicht nur Beamte, dahinter waren doch Menschen. Wenn ich so in der Zelle saß oder ein Verhör hatte, dann versuchte ich manchmal, mich zu fragen: Gibt es denn eigentlich eine Möglichkeit, durch diese Schicht von Hass, von Feindschaft und Beamtenmäßigkeit durchzubrechen an euer Herz und Gewissen? Manchmal habe ich das andeutungsweise erlebt. Zum Beispiel einmal, als ich Jugendpfarrer war mit 50 jungen Mitarbeitern, die jeden Sonntag Hausbesuche machten, da wurde ein großer Schlag gegen mein Jugendhaus geführt. Alles mögliche wurde beschlagnahmt und im Lkw abgefahren. Dann wurden die fünfzig Leiter vorgenommen, bei jedem gab es eine Hausdurchsuchung. Dann kamen die Eltern zu mir gestürzt, denn da warfen die Beamten ganze Schränke einfach um, die Wohnungen sahen wie Schlachtfelder aus. Es war schon im Krieg, da brauchten sie keine Rücksicht mehr zu nehmen, da konnte man alles erzwingen. Fünfzig Wohnungen wurden einfach demoliert. Dann wurden die Jungen vorgeladen, und am Schluss ich selbst. (Nachdem sie fünfzig junge Männer verhört hatten, die ich vorher nicht instruieren konnte.) Da erlebte ich mal, wie so eine Kruste brach. Da sagte man mir: »Pastor Busch, wir haben fünfzig junge Leute von Ihnen verhört, und es hat uns keiner angelogen. Sie haben offen gesagt, dass sie heimlich Freizeiten gemacht haben. Sie haben sich zum Schaden geredet, aber sie haben nicht gelogen. – Was ist das für eine Welt?« Ich sagte: »Das ist die Welt, die Sie hassen.« Er war erschüttert von der Tatsache, dass es eine Welt gibt, in der man nicht lügt.

Es gab solche Augenblicke: Einmal, als ich in der Zelle saß und einem Beamten sagte: »Ich möchte nicht mit Ihnen tauschen«, wurde der ganz wild und sagte: »Ist doch Wahnsinn.« »Nein, ich möchte nicht mit Ihnen tauschen. Jesus gehören, mit all den Sünden und Torheiten, Kind Gottes sein – ich möchte nicht mit Ihnen tauschen.« Da brüllte er los, und ich spürte, es war für ihn unfassbar. Da saß ich in der Zelle, geschändet und erniedrigt, daneben er, der stolze Mann in Uniform – und ich wollte nicht mit ihm tauschen. Das waren solche Augenblicke, wo man spürte: Jetzt bricht mal die Kruste auf, und sie haben Heimweh.

Ich bin überzeugt, dass jeder Mensch Heimweh hat. Als alles zusammenbrach, da fielen sie ins Nichts und begingen scharenweise Selbstmord. Der Chef unserer Staatspolizei, mit dem ich ein paar Tage vorher noch gesprochen hatte, hat sich in der Zelle aufgehängt. Es war nichts mehr da.

Wissen Sie, dass jedes Menschenleben, im Grunde genommen, an so eine Grenze kommt, wo man fragt: Was hast du eigentlich? – Und da bleibt nichts, als das Heil Gottes in Jesus. Ich wünsche mir, dass Sie es haben.

Gott spielt mit

Ich möchte Ihnen noch eine Geschichte erzählen. Ich hoffe, es wird Ihnen deutlich, dass es mir vor allem darauf ankommt, Ihnen zu sagen: In dem Augenblick, wo ich mich auf die Seite Gottes stelle, spielt Gott geheimnisvoll mit, in geradezu unheimlicher Weise.

Da war mein Bruder Johannes in Bochum verhaftet worden. Und dann hörte ich, er würde am nächsten Tag entlassen. Ich fuhr hin und holte ihn dort ab. Die zwei Stunden sind mir unvergesslich. Er hatte dasselbe erlebt wie ich: Zwei Tage eine abgrundtiefe Verzweiflung und Angst und dann endlich ein Ohr, das hören kann. Wenn Gott im Gericht redet, kann man ganz neu Jesus als Heiland erkennen. Er sagte: »Für mich war eins der erschütterndsten Erlebnisse folgendes« – und er erzählte:

Da war vom Präsidium aus draußen eine Treppe von drei Stufen, die war ziemlich glatt. Sie hatten ihn abends verhaftet. Das gab eine ziemliche Aufregung, wenn ein so bekannter Pfarrer ins Gefängnis kam. Das stand sofort in den ausländischen Zeitungen, in der Schweiz, Dänemark und Holland. So war natürlich bei den Beamten auch eine wilde Aufregung und Diskussion darüber: Ist es richtig oder ist es nicht richtig? Einer schrie immer: »Das ist richtig! Den Pfaffen soll das Maul gestopft werden.«

Dieser Schreier ging an dem Abend noch einmal aus dem Haus heraus, aus dem Präsidium. Irgend jemand hatte da eine Bananenschale auf die Stufen geworfen. Der Mann rutscht auf den Stufen so unselig aus, dass er mit dem Kopf hinten aufschlägt und tot ist.

Können Sie sich die Situation vorstellen? Eine halbe Stunde, nachdem er geschrien hat: »Den Pfaffen soll das Maul gestopft werden«, liegt er tot auf der Treppe. Sie können sagen: Das ist Zufall. Natürlich, das kann ich Ihnen nicht widerlegen.

Aber das weiß ich, dass die Staatspolizeibeamten nicht mehr an Zufall glaubten. Mein Bruder sagte: Da fing das mit der Seelsorge an. Da kam einer nach dem andern völlig aufgelöst zu mir und sagte: »Sagen Sie, gibt es einen Gott, der töten kann?« »Ja. – Aber das ist noch ein Kinderspiel, auf der Treppe ausrutschen und tot sein. Aber was dann kommt …«

Mein Bruder sagte: »Die paar Tage waren eine Evangelisation, wie ich sie in meinem Leben noch nicht erlebt habe.«

Dieses merkwürdige Mitspielen Gottes habe ich erlebt.